创新视角的法学理论与实践教学

郑忠国　李志刚　洪　戎　著

山西出版传媒集团

山西经济出版社

图书在版编目（CIP）数据

创新视角的法学理论与实践教学／郑忠国，李志刚，
洪戎著. —太原：山西经济出版社，2022.12

ISBN 978 – 7 – 5577 – 1102 – 3

Ⅰ．①创… Ⅱ．①郑… ②李… ③洪… Ⅲ．①法学 –
研究 Ⅳ．①D90

中国版本图书馆 CIP 数据核字（2022）第 245317 号

创新视角的法学理论与实践教学

著　　者：	郑忠国　李志刚　洪　戎
责任编辑：	李慧平
装帧设计：	华胜文化

出　版　者：山西出版传媒集团·山西经济出版社

地　　址：太原市建设南路 21 号

邮　　编：030012

电　　话：0351—4922133（市场部）
　　　　　　0351—4922085（总编室）

E – mail：scb@ sxjjcb. com（市场部）
　　　　　　zbs@ sxjjcb. com（总编室）

网　　址：www. sxjjcb. com

经　销　者：山西经济出版社有限责任公司

承　印　者：山西新华印业有限公司

开　　本：787mm×1092mm　1/16

印　　张：11

字　　数：236 千字

版　　次：2022 年 12 月第 1 版

印　　次：2024 年 4 月第 2 次印刷

书　　号：ISBN 978 – 7 – 5577 – 1102 – 3

定　　价：78.00 元

前　言

目前，法学实践教育已经逐步被我国各高校接纳，在教学活动中所占的比重也日益增加，主要的原因在于，法学实践教育在弥补传统理论教育不足的同时，更提升了学生的专业能力。法学实践教育是指以培养学生的法律实践能力为目标、与传统的法学理论教育相对的一种法学教育教学活动模式。法学实践教育的内涵，有广义和狭义之分，广义的法学实践教育不仅包括专门的法学实践教育环节，也包括传统的法学理论教育中的实践环节；狭义的法学实践教育仅包括专门的法学实践教育环节。但是，从本质上看，无论是法学的实践教育还是法学的理论教育，目的都是为了提高学生的法学专业能力和专业素养，只是两者的关注点不同，法学实践教育关注的是学生的实践能力，而理论教育关注的是学生的法学理论方面的素养，在一定程度上两者是相互联系、密不可分的。

法学教育的人才培养目标不应当局限于一个点：我们需要从事理论研究的人才，也需要律师、法官和检察官；政府部门文化组织乃至公司企业也离不开法律工作者。但无论何种目标，都应当注重对于法律规则、法律实践的了解。不仅以法律操作为目标的人才需要掌握法律的真实情况，以法学理论研究为目标的人才也必须对法律的实践有充分的把握。法学理论的研讨，对立法与司法的审视和批评基于对法律实体与程序的洞见，此种洞见必须建立在对于实践、实际情况有清晰认知与思考的基础之上。

传统法学教育中存在诸多不足，比如法学教育将学生限定于书本的范围内，缺少真实性；再如传统法学教育容易与实践脱轨，难以对学生以后的法律实践生涯起到良好的帮助作用；又如传统法学教育是一种"填鸭式教学"，学生在学习的过程中处于被动地位，缺少本身的积极性。实践性教学技能训练为主、不设定固定的"标准答案"，学生与教师能平等交流、学习内容具有不确定性与真实性等一系列特点，都能对我国传统单纯的理论法学教育起到完善和补充作用。目前，我国的各个法学院校都进行了不同程度的尝试，例如模拟法庭、参观真实审判、毕业实习等方式，虽然还没有形成自己的课程体系，但是已经对传统教学发起了有力挑战。相信，只要法律教育界不断关注和重视实践性教学，它的实践性功能最终会发挥应有的补充作用。

目　录

第一章 法学的基本理论

第一节 法学导论

一、法学的研究方法

现实的社会历史是第一性的还是法律是第一性的？这个问题是法学世界观的问题。法学世界观和法学方法论是统一的。所谓法学方法论指法学的思维定式或思维工具。从根本上说，凡认为现实的社会历史（特别是经济关系）是人随心所欲创造的，特别是法律创造的，就是历史唯心主义的法学世界观；相应的，就必然要采取无限夸大法律作用或完全抹杀法律作用的形而上学的法学方法论。反之，凡认为现实的社会历史（特别是经济关系）是循着不以人的意志为转移的客观规律运行，法律是被决定的，但在一定程度上具有反作用，就是历史唯物主义的法学世界观；相应的，就必然要采取辩证的法学方法论。马克思主义在法学的伟大变革正在于它第一次为法学提供了历史唯物主义世界观和辩证的方法论。这样，才有可能揭示法与社会经济基础的关系、法的本质、发展规律和正确的法学研究方法，从而使法学成为一种科学。

（一）法学研究的基本方法论原则

这是指运用马克思主义的唯物主义辩证法在研究法现象时所表现出来的一些主要要求。

1. 实事求是

即马克思主义思想路线的具体化。它要求研究法律现象应从现实的社会实际出发，而不能从法学家或立法者的主观意志出发；使法学的思考符合社会实际，而不是让社会实际符合人们的法学思考。

2. 社会存在决定社会意识

所谓社会存在，根本上指以生产力和生产关系为核心的现实存在，即生产方式的存在。而社会意识指以人们的思想观念为主导的整个社会上层建筑，法律是主要的社会意识形态之一。社会存在决定社会意识作为法学研究的方法，就是承认法律是由经济基础所决定的上层建筑，法律的根源在于经济基础。具体一些来说，经济基础或统治阶级赖以生存的物质条件，决定着法律的本质以及法律的权利义务实现的状况和内容。

3. 社会现象的普遍联系和相互作用

它首先要求我们要认识到，在马克思主义的经济基础决定论中，现象指基础对法律的决定作用，也是指法律对基础的反作用，特别是通过基础对生产力的促进或阻碍的作用。其次，要求我们要认识到，上层建筑中各种现象也是互相影响的。但哲学、宗教、艺术等不能直接对经济基础发生作用，而是要通过法律和国家产生直接与间接作用。最后，在法律现象中，法律意识与法律制度，也是互相作用、互相影响的。

4. 社会是发展的

由于这个原因，法律也是不断发展的。每个时代社会的产生基础正是法律。法律必须适应时代的要求，反映时代的主题和趋向，否则便会被时代所抛弃，而起不到其应有的作用。这就决定了法律的改革是一种实践的过程。

(二) 法学研究的基本方法

1. 阶级分析方法

它是马克思主义法学特有的方法。马克思指出：第一，阶级与一定的生产发展阶段相联系。第二，阶级斗争必然导致无产阶级专政。第三，无产阶级专政是向无阶级社会的过渡。根据这种论证，我们可以知道：法律是分阶级性的；法律总是同一定的阶级专政（国家）有紧密不分的关系；法律随着阶级关系、阶级专政的发展变化而发展变化。在社会主义国家，法律与无产阶级专政有相同的性质，承担着相同的历史任务，并且二者相互影响。在运用阶级分析方法研究法律现象时，既要防止把阶级性说成是法律的唯一属性，也要防止否认法律阶级性。

2. 价值分析方法

这种方法就是从一定的利益观点出发，以一定的应然性、正当性、合理性为准则，揭示法律自身的善恶是非的属性。

任何法律都包含价值学论，任何立法、执法、司法和守法都影响价值学论。因此，研究法律不可能规避法律价值问题。

社会主义法律价值体现在提高生产力、发展人类文明和最大限度地满足人民生活需要。

3. 实证分析方法

它就是以经验的、从外部状态和量的角度上分析法律现象的方法。如，对法律的制定和实施的现实社会条件的分析，对于法律词语与结构的分析，等等。

法学研究中的实证分析方法主要有下列几种。

（1）社会调查方法

它是社会学的基本方法，也是法学实证分析的基本方法。法律是来自社会并为社会服务的。因此，不了解必要的社会资料，就不可能了解法律，更谈不上研究法律。

社会调查方法有观察法、实验法、文献法、访谈法、问卷法等。

（2）历史考察方法

恩格斯说，任何社会科学都是历史的科学，法学也是这样。法律总是在历史上产生和发展的，总是同一定的历史背景和条件密切联系在一起。同时，只有对法律进行历史的考察，才能确悉法律的发展规律、法律如何同其他社会现象相互作用、如何借鉴过去的法律实践经验，从而推动今天的法律建设事业。

（3）比较的方法

这主要指对于不同国家法律制度的横向比较。比较法学是运用主动方法的集大成者。

（4）逻辑分析方法

即形式逻辑的方法。其中最常用的方法是：一种为从一般到个别的演绎法。中国和大陆法系国家处理个案就是采用这种方法：大前提（法律规范）＋小前提（案件事实）＝结论（判决）。另一种为从个别到一般的归纳法。英国法系国家的判例法，就是从许多案件的判决中归纳出一般的法律原则或规范。

（5）语义分析方法

法律中的含义是通过语词来表达的。而语言的内涵（语境）和外延（边缘），经常不是那么清晰的。因此，正确地运用和理解语词，对于法律的创制和实施都是极其重要的。如果语词不清或互相矛盾，法律就不能达到自己的目的。

二、法律的概念

（一）法律的基本特征

1. 法律是一种特殊的社会规范

法律规范或规则是法定的人们的作为模式。规范有三个属性：普遍性、概括性（即非人格性）、可预测性。同其他规范相比，法律规范的普遍性最广，概括性最强而且最为明确和确定，可预测性最清晰。

从总体上说，规范有社会规范与技术规范的区别。社会规范指调整人与人之间关系的模式。技术规范是调整人与自然关系的模式。但技术规范一旦涉及人与人之间的关系，也就转变为"社会技术规范"了。如果它被法律所规范，它就是"法律技术规范"。社会越发达，社会技术规范越多。法律属于社会规范的范畴，而"法律技术规范"则属于社会技术规范的范畴。

2. 法律是国家制定或认可的社会规范

制定，指国家通过立法程序创立的，以文字表达的法律规范，即制定法。

认可，指国家以一定方式承认已存在的社会规范具有法律效力。认可有明示的或暗示的形式：明示的形式是立法机关明确指定哪些社会规范具有法律效力，这通常也是用文字表达出来的；暗示的形式是执法和司法机关在履行其公职过程中所援用的法律以外的社会规范具有法律效力。

3. 法律是以主体的权利和义务为基本内容的社会规范

法的内容主要在于通过调整人们之间的作为关系来实现利益的分配。这样就有权利（获取利益）与义务（满足别人的利益）的区分，相应的就有权利性规范和义务性规范的区分。同其他社会规范相比，现代社会的法律规范是以权利为本位的，对权利、义务的规定十分清楚和确定；而其他社会规范常常是模糊的、不确定的，很多（如道德、风俗、宗教的规范或社团的纪律）是以义务为本位的。在前资本主义社会中，法律也是以义务为本位的。

现代社会的法律，通过对权利、义务关系的调整或分配，可以很好地实现人权，实现社会的竞争机制，有利于秩序的稳定和生产力的发展。

4. 法律是最终由国家强制力保证的社会规范

一切社会规范甚至技术规则都具有强制力，但只有法律才具有国家的强制力。这种强制是以国家的正式名义或全社会代表者的名义，借助法庭、监狱、军队、警察、官吏等专门机关或人员来作保障和实施的。

不过，从总体上国家强制力是法律的后盾，只有在少数情况即出现了违法行为时，主动强制力才会被实际应用。

（二）法律的本质

法的本质，指法的内部规定性，或法内部的各种要素的必然的和稳定的联系，是法区别于其他现象（专指其他规范性现象）的根据。法的本质是靠抽象思维来把握的。与法律本质相对应的是法律的现象，它指法律本质的外在表现，常常有偶然因素在起作用。法律现象是用经验来感知的。

是否承认和科学地解释法律本质，这是马克思主义法学和一切非马克思主义法学的重大区别。

法律本质分为以下几个从浅到深的层次。

1. 法是国家意志

法是一种社会意识形态、一种上层建筑。它是一种国家的命令或授权。合理的国家意志必须是客观规律的反映，但又不可能是完全彻底的反映。这种反映是与立法者认识能力直接相关的。

正由于法是国家意志，所以它才具有整个社会一体遵行的效力。

2. 法体现统治阶级的整体意志

只有在经济上占统治地位的阶级才有实力使自己成为政治上的统治阶级、掌握国家政权，进而才能把自己的意志变成国家意志、变成法律。但是，法所体现的意志是统治阶级的整体意志，而不是个别阶层、集团和个别人的意志。即使法是由统治阶级中的个别人或少数人制定的，也必须考虑统治阶级的整体利益，否则也终归要被统治阶级中的个案所否定。另外，法不仅要由被统治阶级遵守，也要求统治阶级的成员遵守，必要时甚至命令统治阶级个别成员作出一定的"自我舍弃"。法不受个别人的左右，它对统治阶级也有普遍性，以致维护这个阶级的共同利益。

3. 法体现由一定生产方式所决定的权利义务观念或正义观念

法律的权利、义务永远不是抽象的存在，而是同一定历史条件，特别是一定的社会生产方式相联系，并且是一定生产方式的产物。在特定社会生产方式中利益或权利义务是怎样实现的，在法律中也必然是怎样实现的。一定生产方式所造成的权利、义务关系，经过无数次的再现，而变成社会普通的习惯或道德准则即社会性的权利义务观念，变成应当的、正当的、合理的观念，然后由国家使之上升为法观念，制定成为法律。

4. 法的性质和内容最终是由统治阶级的物质生活条件决定的

恩格斯指出，社会物质生活条件包括生产方式（生产力与生产关系的统一）、地理环境和人口，以及贸易、运输的状况，等等。但其中有决定性意义的是生产方式，地理环境、人口等都要通过生产方式起作用。

当然，法作为一定经济关系的上层建筑，也受其他上层建筑和国家的影响，但这些影响并非决定性的。归根结底，一切上层建筑都由经济关系所决定。

关于法，生产方式或统治阶级物质生活条件如何决定法，上面几点均已有所论证。

第二节　法学中的基本概念

一、权利和义务

(一) 权利和义务的概念、意义

1. 权利和义务的概念

权利，指法律关系的主体能够自主地做一定行为（作为）或者不做一定行为（不作为），能够要求义务主体做或不做一定的行为，以便获得利益的手段。

义务，指法律关系的主体，被动地做或不做一定的行为，以保障实现权利主体的利益。

2. 权利和义务在法律中的地位

权利义务是法律各环节的核心要素。它是法律规则中"处理"要素即要求人们做或不做一定行为的目的；是法律关系的内容；是法律责任的根据；

各部门法都贯穿对权利义务的规定；

法律的实施，包括执法、司法、守法、法律监督，都直接同权利义务密切相关；

权利义务全面地表现和实现法律的价值。法律价值，归根结底都是按照国家意志分配社会利益的体现。而这一点正是通过法律权利义务的分配来表现和实现的。只是在不同历史类型的社会中，权利与义务分配的特点，是有所不同的：在奴隶和封建社会，是以对整体（尤其国家）的义务为本位；资本主义社会以对个人的权利为本位；而社会主义社会也应以权利为本位。但必须同义务相对应，把个人利益与他人或社会利益真正协调起来（这在学术界有不同的看法）。

（二）权利和义务的分类

1. 应有权利和义务、习惯权利和义务、法定权利和义务、现实权利和义务

这是以权利和义务的存在形式为标准所进行的分类。

（1）应有的权利和义务

这是从现实道德法的角度上设定出来的，而不是法律规定。但它通常也是会得到人们实行的。由于它是法定权利和义务的合理性根据，因而在执法或司法中，有时也能得到实现。

（2）习惯的权利和义务

这是从传统中形成的权利和义务。但它又分为"穷人的习惯权利和义务"与"富人（剥削者）的习惯权利和义务"。马克思认为前者是合理的，后者是不合理的。

（3）法定的权利和义务

这指法律明确规定的，也包括由法律精神所体现出来的。

（4）现实的权利和义务

即主体实际地享有或履行的权利或义务。这是把法定的权利义务变为现实形态的权利义务，因而有不言而喻的重要性。

2. 基本权利和义务与普通权利和义务

这是以其重要程度为标准所进行的权利义务分类。

（1）基本权利和义务

指公民在基本社会关系方面的权利和义务。这主要是宪法所规定的权利和义务。

（2）普通权利和义务

指公民在普通社会关系方面的权利和义务。它通常由宪法之外的法律所规定。

3. 一般的权利和义务与特殊权利和义务

这是以法律对人的效力范围为标准对权利和义务的分类。

（1）一般的权利和义务

即"对世权利"和"对世义务"。

"对世权利"，指无特定的义务主体与之相对应的权利。如国家之间或者公民人身或人格自由权与财产所有权，其义务人的范围包括所有的人。即"任何人都不得侵犯我的权利"。

"对世义务"，指无特定的权利主体与之对应的义务，个人对任何主体的权利，都不得加以侵害。即"我不得侵犯任何人的权利"。

（2）特殊权利和义务

即特定的或有对应主体的权利和义务。也可以说，这是特定权利主体和特定义务主体间的关系。

4. 第一性权利和义务与第二性权利和义务

这是根据主体的因果关系所作的权利义务分类。

（1）第一性权利和义务

即直接从现实生活中产生出来的原有的权利和义务，或实体性的权利和义务。人身权或人格权、所有权、契约权等及其对应的义务。

（2）第二性权利和义务

又称"救济性"的权利和义务，即为了救济实质性权利的被侵害而产生的权利和义务。它指诉权和程序性的权利和义务，通过有关责任人的履行义务或接受惩罚，以补救或恢复权利人的损失。

5. 行动权利和消极义务与接受权利和积极义务

这是以如何实现主体权利的方式，而对权利和义务所进行的分类。

（1）行动权利和消极义务

即一方主体有积极行动（作为）的权利，相应的另一方则有不得干涉对方行动的消极（不作为）的义务。

（2）接受权利和积极义务

即一方主体有接受一定利益的权利，相应另一方则有给予主体利益的积极行动（作为）。

6. 个体权利和义务、集体权利和义务、国家权利和义务、人类权利和义务

这是以主体为标准对权利和义务所进行的分类。

在这方面的基本法律原则应当是正确地处理几者之间的利益关系。

(三) 权利和义务的关系

1. 结构上的相关关系

权利和义务作为法律关系的内容的结构要素，二者是对立统一关系。权利和义务一个表征利益，另一个表征负担；一个是主动的，另一个是受动的。就此而言，它们是法这一事物中的两个分离的、相反的成分和因素，是两个互相排斥的对立面。同时，它们又是相互依存、相互贯通的。相互依存表现为权利和义务不可能孤立存在和发展，它们的存在和发展都必须以另一方的存在和发展为条件。相互贯通表现为权利和义务相互渗透、相互包含以及一定条件下的相互转化，其集中表达的就是马克思所说的"没有无义务的权利，也没有无权利的义务"。

2. 数量上的等值关系

这也可以称为外延的重合关系。其表现是：①社会的权利总是与义务总量相等。②具体法律关系中，权利与义务是直接或间接地相对应。

3. 功能上的互补关系

这种互补体现在以下几点。

权利直接体现法律价值的目标，义务则是目标实现的保障；

权利提供不确定的指引，即权利人可以选择对权利的享受或不享受；而义务提供确定性的指引，义务人不能选择履行或不履行义务，而是必须履行；

权利的指引体现利益的自主或激励机制；而义务的指引，体现强制或约束机制。

4. 价值意义上的主次关系

前资本主义法律价值取向是义务本位；而现代法律则是权利本位。

权利本位的含义是：①在法律上人是平等的权利主体，不承认法外特权。②权利为目的，义务为手段，二者是主从关系。③凡法律不禁止，公民就有权力去做或不做。④主体行使他的权利只受法律规定的限制，而这种限制的目的在于维护他人的应有权利。

(四) 人权

1. 人权的概念

人权，即人所具有的、不得不合理和不合法地加以剥夺的权利。

人权内容有三类：①生存（命）权、人身或人格权。②政治权利。③经济、社会和文化权利。

其中，生存权利是人权的起码的前提；政治权利是人权的保障；经济、社会、文化权利是人权的实体或主要方面。人权的核心是自由，因为自由是人固有的根本的属性。

2. 马克思主义与人权

人权问题是马克思主义的题中应有之义这表现在：①共产主义社会就是实现"普通人权"的社会，是"自由人的联合体"。②社会主义运动就是为了实现"普通人权"的运动。③人权问题是发动无产阶级和劳动人民进行革命的有力手段。④人权问题是人类文明发展的标尺。⑤要区分无产阶级人权观与资产阶级人权观。

3. 中国社会主义人权纲领与实践

社会主义法律必然地包含人权的纲领和相应的实践，并随着社会主义事业的发展而不断丰富和扩大人权。

社会主义人权纲领与资本主义法律相比，有如下特征：①人权主体有更大的普遍性；②人权内容更为广泛；③人权有更大的公平性；④人权有更大的现实保障性；⑤人权有更浓厚的人道主义色彩；⑥人权有更大的国际性。

4. 人权的法律保护

（1）人权的国内法保护

首先是要把人权当作国家根本法的主要内容来规定；还要用多种基本法律把多种社会关系中的人权加以实现和救济，以作为主要内容。

（2）人权的国际法保护

人权问题已成为国际法核心问题和基本目的，越来越受到人们的关注。人权方面的国际法有：各种人权宣言，如《世界人权宣言》《经济、社会和文化权利国际公约》《公民权利和政治权利国际公约》《反种族歧视公约》《保护社会弱者的权利公约》《人道主义的战争战时公约》。

二、法律行为

（一）法律行为的概念与特征

1. 法律行为的概念

某种行为若是法律所调整的并且能够引起一定法律后果的行为的话，就是法律行为。

2. 法律行为的特征

（1）社会性

法律行为一定是涉及他人利益的行为，是在一定社会关系中的行为。孤立的个人行为不是社会行为，因而不具有法律意义。

（2）法律性

法律行为一定是法律规定的，并具有法律效果的行为。

（3）可控性

法律行为是由意志支配，通过特定的动机、目的实行的行为。因而，它能够受到自律和他律（特别是法律的规制）。

（4）价值性

法律行为是主体在一定价值观的指引下，为了一定的利益，而作用于客体或对象的行为。因而，它可以被社会所评价。

（二）法律行为的分类

1. 个人行为、集体行为与国家行为

这是根据行为主体性质和特点的不同来对法律行为进行的分类。

2. 角色行为与非角色行为

角色行为，指主体依照法律规定的权利义务而实施的行为。反之，就是非角色行为，如非法经营、越权代理等。

3. 单方法律行为与双方法律行为

单方法律行为，指依单方的意思和行动就可以有法律效力的行为，如行政处罚、赠予等。

双方法律行为，指主体双方意思一致才能成立的法律行为，典型是合同或契约。

4. 自为行为与代理行为

自为行为，指主体在没有他人参与下自己做出的法律行为。

代理行为，指主体委托的或法定的人，代表自己做一定的法律行为。代理行为多由民事法律所规定，是有严格条件的。

5. 积极行为与消极行为

即作为与不作为，前者是造成客体（社会关系和对象）状态的变化；后者是保持客体状态的不变。

6. 抽象行为与具体行为

抽象法律行为，指有普遍法律效力的行为，是国家机关制定规范性法律文件的行为。

具体法律行为，指对特定主体实施、仅有一次性法律效力的行为。

7. 要式行为与非要式行为

要式行为，指必须经符合一定的法定形式或手续才能有效的行为，如房屋买卖合同。

非要式行为，与要式行为相反，指的是不要求采用特定的形式和一定的程序，而是由当事人自由选择任何形式都有效的行为。

8. 意志行为与事实行为

意志行为，指主体主观上有意识地追求某种结果而实施的行为。

事实行为，指主体实际上非有意识地做出的、引起某种法律事件的行为，如过失行为。

9. 合法行为与违法行为

合法行为，指符合法律精神，因而有正当法律效力的行为。其中包括自觉按照法律要求做出的行为；不自觉作出的符合法律要求的行为；做出法律无规定，但不违背法律要求的行为；法律未禁止的行为。

违法行为，指违背法律要求的、否定性的行为。它包括违法的作为和不作为；不当作为；失范作为，即带有不同程度普遍性不轨行为。

10. 有效行为与无效行为

有效行为，指的是能够引起权利、义务设立、变更、终止的法律行为。

无效行为，指无法引起权利、义务设立、变更、终止的法律行为。

三、法律关系

（一）法律关系的概念和分类

1. 法律关系的概念

法律关系，指法律规范在指引人们的行为和调整社会关系中形成的权利与义务关系，是社会关系的法律化。

此概念的内涵如下。

法律关系是以相应的法律规范为前提；

法律关系是一种特殊的社会关系。它具有相互性、能力对称性（即互相都有能力做出一定的行为）、可逆性；

法律关系是法律上的权利义务关系；

法律关系是取决于法律形式的社会关系；

法律关系是一种以国家强制力保障的社会秩序；

法律关系在性质上属于思想意志关系即上层建筑关系。其思想意志表现在：法律规范本身是立法者意志的体现，而具体的法律又是有关主体意志的体现，

2. 法律关系的分类

（1）各部门法律关系；

（2）抽象法律关系与具体法律关系；

抽象法律关系，指由法律模式形成的、权利义务没有实践化的法律关系（即直接法律中规定的关系尚未实践化）。

具体法律关系，指权利义务得到实践化、特定角色化的法律关系。

（3）双边法律关系与多边法律关系；

双边法律关系是指在特定的双方法律主体之间，存在两个密不可分的单向权利义务关系，其中一方主体的权利对应一方主体的义务，反之亦然。如买卖关系就是典型的双向法律关系。

多边法律关系，又称"复合法律关系"或"复杂的法律关系"，是指三个或三个以上相关法律关系的复合体。

（4）对等的法律关系与不对等的法律关系；

对等的法律关系，又叫平权型或权利型法律关系，当事人间相互有对等的权利义务，如买卖关系。

不对等的法律关系，又叫从属型或权力型法律关系，二者的权利与义务不对等，如税务机关享有征税权利，而企业有缴税义务。

（5）确认的法律关系与创立的法律关系；

确认的法律关系，指某种社会关系已经存在，法律调整只是对它加以确认并赋予它法律形式。

创立或构成型的法律关系，指某种社会关系是通过法律调整才形成的，许多公法法律关系就是如此。

（6）第一性法律关系与第二性法律关系；

即原始法律关系与派生法律关系，突出表现为实体法律关系与程序（诉讼）法律关系。

（7）基本法律关系与普通法律关系。

基本法律关系，指宪法与法律中规定的法律关系，属于宏观性法律关系。

普通法律关系，指特定角色间的法律关系，

（二）法律关系的要素

法律关系分为三个要素，即主体、客体和内容。

1. 法律关系的主体

法律关系的主体，指法定的享有权利和承担义务的人或拟制之人。

法律关系的主体必须具备权利能力，权利或义务能力又统称为作为能力。

权利能力分为一般权利能力和特殊权利能力。一般权利能力，指主体从出生（成立）到死亡（解散）期间都享有的权利能力。特殊权利能力，指主体在特定条件下才具有的权利能力，如选举权等。

现阶段我国法律关系主体的种类有以下几点。

人民。人民是国家的主权者，人民的意志表现国家生活的一切；

阶级。这种主体在不断地减少；

民族。如享有民族区域自治权；

国家和国家机关；

个人。即我国公民和外国人、无国籍人；

法人。即依法成立，有自己的名称、机构和固定场所，自己的纲领章程，必要的财产和经费的社会组织。法人有经济法人和政治法人的区分；

其他社会组织。

2. 法律关系的客体

法律关系的客体，指主体的权利义务指向的对象。

（1）法律关系客体的种类

国家权利。它属于全体人民所享有；

人身、人格。主要保障其不受侵犯；

行为。即作为与不作为；

法人；

物。它主要是指法律关系主体支配的、在生产上和生活上所需要的客观实体；

精神产品。包括知识产权的对象物、名誉权的对象物（名誉、奖金等）；

信息（情报）。

法律关系的客体都具有利益的属性。

（2）法律关系的内容即权利与义务，已叙述过。

3. 法律关系的运行

（1）法律事实的概念

法律关系是不断运行的。所谓法律事实，指能够引起法律关系产生、变更、消灭的情况。

法律事实包括两种：法律事件和法律行为。

（2）法律事件和法律行为

①法律事件，指不以主体意志为转移的法律事实，包括社会事件和自然事件。前者与人的行为相关，如革命、改革等；后者与人的行为无关，如天灾、人的出生与死亡、时间的推移等。

②法律行为，指由人的意志所导致的行为，包括国家行为（立法、行政、司法等）和理论法学课堂当事人行为。行为包括一定的作为和不作为。

四、法律责任

（一）法律责任的概念

通常，法律责任有两种涵义：①广义上，是作为义务的同义语。②狭义上或多数情况下，指由于实施违法行为而招致的承担不利后果的义务。这里讲的是后一种意义上的法律责任。

法律责任的定义应是：法律责任是由特定的法律事实所引起的对损害予以赔偿、补偿或接受惩罚的法律义务。

"特定法律事实"主要指违法、违约的法律事实。而在无过错的责任中，法律也有专门的规定。

（二）法律责任的构成条件与种类

1. 法律责任的构成条件（要素）

作为的社会危害性。这种危害可能是有形的，或无形但却是现实的；

行为的违法性；

行为人的过错。即否定性的主观心理状态，分故意和过失两种；

行为主体符合法定条件。

在法律责任构成条件问题上，无过错责任除外。

2. 法律责任的种类

根据法律性质来对责任进行分类，是最重要的分类。

刑事责任：承担刑罚的处罚。从极限上说，这是最严厉的责任。

民事责任：主要是财产上补偿与处罚，也包括精神上的处罚，如赔礼道歉，，

行政法律责任：包括行政职务责任，即下级机关对上级机关、公务员对所属行政机关的责任和由于执行公务而给相对人造成损害所承担的责任。

违宪责任：即国家机关及其首长在执行职务过程中违反宪法而产生的法律责任。这种法律责任是民主国家所特有的。由法院、宪法法院或议会来确认和执行。但我国尚未建立这种专门制度。

除此而外，法律责任还有许多种其他的分类，如：自然人、法人和国家的责任，过错、无过错和公平责任，双方、单方和混合责任，个别责任、连带责任和传承责任等。

（三）归责与免责

1. 法律责任的认定与归结的原则

（1）因果关系原则

责任形成的因果链是：动机或目的 + 行为 T 结果。其中最直接的是行为与结果的因果

关系，但需要确定二者内在的、直接的、主要的联系范围。此外，还要认定因与果之间先后顺序和偶然性构成的"干涉变量"。

（2）自由与必然统一原则

在这方面，以假定法律体现的必然性（规则）和主体是自由人为前提。首先，人能够认识必然性即是自由的，因而他要对自己的行为负责。其次，人的自由是必然（法律范围内）的自由，因此他要受法律的约制，对法律承担责任。最后，必然是在多种客观环境中起作用的，但这些复杂的环境并不是主体都能认识到的，从而不能简单地客观归罪（责）。

（3）责任法定原则

要坚持"法无明文不为罪"，一般不溯及既往，以及反对非法处罚等精神。

（4）公正原则

这方面包括有责必究、无责不罚、违法行为与责任相适应或责任与处罚相适应、责任自负等精神。

2. 法律责任的减轻与免除

免责，指主体的法律责任已经存在，并具备承担责任的条件，但由于法律规定的多种原因，可以被部分或全部地免除法律责任。由此可知，免责不同于无责任或简单地不负责任，更不能说明主体行为的合法性。

免责的条件或方式有：①时效免责；②不诉免责；③自首、立功免责；④补救免责；⑤私法中的协议免责（和解）；⑥人道主义免责。

第三节　法律的功能、作用与价值

一、法律的功能与作用

（一）法律功能与法律作用的含义

1. 法律功能的含义

法律功能，指法律本身具有的、对社会有益的功用和效能。

法律功能的特点如下。

（1）具有内在性

法律功能是法律的内在属性。法律一旦产生，其功能的大小就成为确定的，至于它在外部（社会中）发挥了多少则是另一回事。

（2）具有应然性

法律提供的仅是应当这样或要求做到这样的行为模式，与实际做得怎样不同。

（3）具有对社会的有益性

合理的法律是由社会性质与要求所决定的，并为社会服务，它不包括对社会的危害性。

2. 法律作用的含义

法律作用，指法律对社会现实产生影响的过程。法律作用与法律功能不同。

法律作用是外在的，即外在于社会现实；

法律作用是实然的，即它是通过一定的实施状况来表现的；

法律作用是中性的，就是说，它可能对社会有益，可能无益，可能有害。如果法律作用与法律功能完全重合，那是最理想、最完美的；

法律作用是变量的，它随时随地会受到诸多社会因素（变量）的影响。

（二）法律作用的表现

法律的作用来源于法律功能，因此一般来说二者是一致的。法律作用的表现，大致可归纳为以下几个方面。

1. 指引作用

这是法律的首要作用。它通过授权、禁止和义务三类规范来实现。法律的指引是一般指引，为实施规范的非规范性法律文件（判决、合同等）的指引是个别指引。

2. 评价作用

法律评价是针对行为的，而不针对人和思想，因为法律所干预的仅仅是人的行为。

评价的尺度是：①合法与不合法。这是对公职的权力和行为的来源与根据所作的评价。②违法与不违法，是对公民行为的评价。但一般的理解，不违法就是合法，违法就是不合法。

法律评价不能与道德、纪律的评价混同。

3. 预测作用

法律预测，指以法律评价为根据，来事先预测行为的结果。

法律的可预测性是现代法律、理性的重要内容，非理性的法律如神意法和专制法，均无可预测性。最大限度的法律预测性，是现代市场经济和民主政治的要求。

法律的基本意义在于，在干预人们的行为之前就知道应该做什么或不做什么、应该怎样做或不怎样做，以及其将导致的后果。从而它对于立法、执法、司法、法律监督和法律服务都是极其重要的。

4. 强制作用

即借助国家的强制约束力或者实施强制来保障和兑现多种主体的权利与义务。

5. 教育作用

法律的规定、法律的奖励和处罚，均能够发挥法律的教育功能。在法的指引、评价、预测诸功能中，也无不包含着对社会的教育意义。

(三) 法律的社会作用

法律的社会作用，指法律在社会经济、政治、文化和公共事务中的作用。

1. 法律的经济作用

（1）确认经济制度

作为生产关系总和的经济制度是国家的经济基础。法律对经济制度的确认，就是使之规范化、法律化，变成神圣不可侵犯的东西。

（2）调整经济关系

经济关系是经济制度或经济基础的多个组成部分和具体的存在形态。通过法律对多种经济关系的调整，使经济关系变成法律关系，可以有力地维护和发展经济制度。当前，我国法律的调整经济关系的任务在于，维护和发展以国有经济为主导的多种经济成分能够得到协调和充分发展。

（3）促进经济的发展

这里的"经济"二字指生产、交换、分配和消费等经济事业或经济活动。法律通过自己的功能与作用，使经济事业或活动处于正常的、活跃的和蓬勃向上的状态。

2. 法律的政治作用

（1）确认国家制度

即确认国体和政体。

（2）组织国家机构

包括确认国家机构的组织和活动的原则及其组织形式和职权。

（3）确立社会主义民主

包括国体意义上的民主、政体意义上的民主，以及公民的多种自由权利。

（4）调整国家对外关系

3. 法律在社会主义精神文明建设中的作用

（1）促进科技、教育、文艺、卫生事业的进步

法律要确认科技兴国和"双百"等方针，为科、教、文、卫事业指明方向，规定必要的措施，予以具体的保障。

（2）促进思想道德建设的发展

法律与道德同是重要的社会规范，相互紧密联系法律确认基本的道德准则，并有选择地使之法律化。我国宪法要求公民遵守社会公德。这样就有力地强化道德的力量。反过

来，道德则是法律的精神或价值基础，又引导人们恪守法律，使法律社会化。

（四）正确认识法律的作用

为了充分发挥法律的作用，就必须科学地认识和对待法律作用问题。

1. 否定法律无用论

要反对法律无用论。由于传统的专制主义和小生产经济封闭性等无政府主义的影响，在我国人治观念及对法律采取实用主义，尤其法律虚无主义的态度是司空见惯的事情。虽然改革开放以来在党的法治教育引导下情况已有颇大的转变，但社会的法律观念和法治根基仍然比较浅薄。

2. 否定法律万能论

要反对法律万能论。法律万能论是资产阶级法律观的一种典型表现。因为，既得利益者把来自资本主义商品货币经济关系中的自由、平等、权利绝对化，所以必然会把体现这些原则的法律绝对化。须知，任何现实事物都存在其时空中的局限性，没有什么绝对性，法律也不例外。

法律作用也有局限性，主要表现在：①法律只是阶级社会中的特定现象。②法律不能代替其他社会规范的意义。③法律不能囊括复杂的社会中的一切事物。④社会生活是急速发展的，而法律则相对稳定，所以它落后于社会生活是常见的事实。⑤立法者的智慧是有限的。

所以，坚持马克思主义法律观，就必须克服无用论与万能论这两种片面性。

二、法律的价值

（一）法律价值的属性和分类

法律价值，指人与法之间的对立统一关系，人通过实践使法的属性满足人的需要。

1. 法律价值的属性

（1）法律价值的客观性与主观性的统一

这种客观性表现在：①人的需要受着自然的与社会存在和发展状况的制约，因而是客观的。②法律作为人的对象物是客观的，法律有其自身的属性和规律性。③实践是客观的。④法律能否满足人的需要的结果是客观的。

与此同时，法律价值也有其主观性的一面：①法律本身是人（立法者）意志的产物。②主体需要的满足过程，具有一定的主观性（人对法律需要各有不同）。③主体的法律价值评价是主观的。

法律价值的客观性与主观性的统一，就是通常所说的"法律的性质"。

（2）法律价值的层次性

法律价值可以从多方面去理解，主要有正义、自由、效益、秩序。但它们不是同等重要的，因而有层次关系。

（3）法律价值的潜在性

它潜在于法律文本、社会和实现的过程之中，是经过实践才变成实存现实的东西。

（4）法律价值的伦理性

价值是属于善恶是非的问题，所以它首先是伦理（道德）的范畴，因此法律价值也不能同伦理（道德）相分离。法律价值的伦理性，明显地表现为主体对法律的价值评价方面。

（5）法律价值的共同性

它表现在：①法有时代的共同性。②对主体（人）的共同性。

（6）法律价值的阶级性与社会性的统一

2. 法律价值的基本分类

（1）理想性价值或目的性价值

法律和一定的现象本身，特别是法律制度的改革、法治、良法等，可以成为人所追求的价值。如中国史上的多次"变法"或维新运动，都把争取某种法律制度作为理想。我国改革开放以来一直把"法治国家"作为争取的目标。这些都是法律的理想价值或目的价值的体现。

（2）自身性价值或中介性价值

它就是把法律当作达到一定的政治、经济、文化等目的的工具或中介。其中包括把法律当作确认、分配、衡量、保护一定利益关系的手段。它是最普遍、最常见的一种法律价值。

国内有的学者认为，法还有"自身价值"。这在理论上是讲不通的。因为，价值永远是主客双方关系的范畴，任何事物本身均没有价值。《资本论》中讲商品价值时，就指明了这个理论。当产品生产者把产品用来自己消费时，这种产品只有使用价值及对主体的有用性；只有当产品拿到市场交换，用别的商品进行社会劳动量上比较的时候，它才有价值（交换价值）。所谓"法律的自身价值"的观点，实际上是把法律价值同自身的功能或作用相混淆了。

（二）法律与正义

1. 法律正义的概念

在说明法律与正义之前，必须先了解什么叫正义？正义的基本含义是指，对社会中相同情况的人实行同等的利益分配，对情况不同的人实行不同等的利益分配。平时所说的公正、公平、正当、应当、合理、平等之类，实质上都是包括在正义这个大范畴中的。正义基本上有两种：第一，主要是分配正义即刚才说过的意思。第二，从属性上，是矫正正义，即对违背分配正义的行为加以纠正，把不平等改变为平等。分配正义是一种实质（体）性正义，矫正正义是一种程序性正义。

马克思说，人们奋斗所要争取的一切，都是他们的利益。所以，如何分配社会的利益是一个根本性的问题"而法律的根本功能正是分配社会利益的问题。所以，在所有的法律价值中，正义价值是首位的价值。

2. 法律对社会正义的意义

（1）法律对分配正义或实质正义的意义

第一，法律把社会公认的分配利益的准则，加以法律化或制度化，成为分配社会利益的根据。第二，通过权利义务的安排来积极地维护和实现社会利益的公正分配

（2）法律对矫正正义或程序正义的意义

第一，通过惩罚多种违背正义的犯罪行为，来保障社会权利义务关系的正常状态，即恢复普遍正义。第二，对违法者，要使他补偿受害人的利益损失（包括物质的、精神的损失），以恢复个别正义。

正义作为一种社会观念具有相对性，即它不仅有阶级性（向统治阶级倾斜），而且它也是随着社会的发展变化而发展变化的。比如，在资本主义社会中被认为是正义的，在社会主义社会中可能就被认为是不正义的（如剥削）；在计划经济下被认为是正义的，而在市场经济体制下就可能被认为是不正义的（如吃大锅饭）。

（三）法律与自由

正义表达的是社会的普遍性，而自由则是每个单一的人的普遍性（全面性或整体性），个人的一切价值都集中于自由。所以，我们把自由作为法律价值的第二个层次（社会一个人）。

1. 法律自由的概念

马克思说：自由是人所固有的；自由向来是存在的，不过有时表现为特权，有时表现为普遍权利；没有一个人反对自由，顶多反对他人的自由；没有自由对人来说是最大的悲哀。

自由是人的意志或意识的凝结，是人的能动性和主体性的体现，是人的权利，是一切价值之中最核心的价值。只有自由，才能把人与非人（动物）彻底区别开来。

举借目由，指法律所体现的、由法律所确认和保障的，并由法律予以合理限制的自由。

法律自由的含义体现于以下几个方面。

（1）法律自由首先是法所体现的自由

法律是否体现自由，是良法与恶法的分界线。

（2）法律自由是作为自由

因为法律只调整人们的外在行为，而不调整思想。法律维护人的思想或意志自由是一回事，而对它进行调整是另一回事；后者是可能而且是必须的，而前者则是不可能的，而且往往是有害的。

（3）法律自由是法律所肯定的和保障的自由

法必须规定人有哪些自由

（4）法律自由包含对自由的合理限制

就是说，在有法律的社会中，自由只能是法律范围内的自由，超越法律范围便没有自由。法律规范自由，是由自由自身的属性决定的。这是保证同他人的自由之间的正常关系。把他人自由作为自己自由的界限，而不是侵犯他人自由。所以，任性不是自由，而是不自由。

2. 法律对自由的保障

（1）法律给实现自由提供选择的模式和提高实现自由的效能

法律所设定的权利、禁止、义务均是为了人的自由，使人能够事先得到或预测如何有利于自己的自由，从而对自己的行为作出理性的选择。并且，只有进行主动理性的选择，才会使自己把自由实现到最恰当和最大的限度。

（2）法律把自由同国家意志联结在一起，变成合法的权利

这样，人的自由就会受到国家的保护。当主体自由遇到障碍时会被国家所排除；当它被侵犯时由国家所抵制。

（3）法律使自由与责任相结合

这包括两个方面：①当一个人出于本人的自由而选择一种行为时，同时也意味着为自己选择了责任，即有责任不侵害他人或社会的自由。这是对自由的一种必须限制。否则就意味着你是不自由的。②别人或社会有责任尊重你的自由，否则也同样会受到法律的干涉。这是对自由的保障。总之，自由与责任的统一，如同自由与必然性（规律）的统一一样，其实都是自由本身所具有的属性。近代以来，一切真正坚持自由的思想家都反对把自由理解为"我愿意干什么就干什么，愿意怎么干就怎么干"的观点。这种观点的主要错误恰恰在于他把责任完全排斥在自由之外，决然与之对立起来。

（四）法律与效率

1. 法律效率的概念

效率，指产出和投入（成本）之比率。与效率有不可分割关系的概念是效益，它指产

出与投入（成本）的差额。效率或效益的提高是通过数量、质量、程度等的提高而获得的。效率或效益存在于诸多领域中，如经济效益、社会效益等。

法律效率或法律效益，指法律具有的、使社会各领域中的活动，能够有效率（益）地进行，以推动社会的发展。

2. 法律效率（益）价值的经济表现

法律把自由确认为权利，以调动全社会实现追求正当利益的能动性、积极性和竞争性。同时，法律也规定减少各种社会摩擦和提供社会主体间尽可能双赢的机制；

法律通过对产权、知识产权等保护，使人们能安心地进行生产、经营和创造，正当地竞争，使社会资源沿着最能提高效益的方向配置和流动；

法律确定和保证有效率（益）的经济体制，即社会主义市场经济体制；

法律要贯彻党中央"科教兴国"的战略，为经济效率的提高提供坚实的基础条件。

3. 法律与"效率优先，兼顾公平"的方针

如何平衡与协调效率、公平二者的关系，是人类社会的永恒课题。效率主要是生产力和调动人的主观能动性的问题；而公平则属于社会关系和价值观念的问题。两者是对立统一的关系。过度强调公平（像过去那样），势必出现效率的降低；而过度强调效率，又会出现两极分化。但两者也有统一的方面：效率可以带来高水平的公平；公平也能激发人的生产积极性，从而提高效率。

在不同国家或不同时期，效率与公平的关系如何平衡，是不相同的。但不管哪种情况下，执政党和国家为解决这个矛盾，都需要制定一定的政策，并把这种政策体现于法律之中，把法律作为贯彻这种政策的基本手段。

在我国社会主义初级阶段的当前时期，必须坚持中央的"效率优先，兼顾公平"的方针。这也是法律的原则。但随着市场经济的进一步发展，贫富差距会扩大，那时就需要"效益公平并重"或者在保证效益基础上突出公正的意义。

（五）法律与秩序

1. 法律秩序的概念

法律秩序，指法律所保证和实现的，使社会能够符合自然与社会规律的运行过程和安全的状态。

人总是作为一种"类的存在"或社会的存在，才能进行生产和生活。这种存在的应有结构和机制便是秩序。否则，社会就会是一片混乱，人便无法生存与发展。当初，人类之所以创造出法律，正是为了维护正常的社会秩序。正义、自由和效率诸价值，只有在秩序中才能实现，所以，法律秩序的价值，是法律其他价值的全面体现。为此，在把法律秩序价值作为一种最基础的价值即第四个层次的价值，放在最后来讲。

2. 法律与秩序的基本关系

（1）法律对秩序的重要性

这表现在：①社会秩序提供预想模式。②法律通过对社会关系的调解，实现秩序。③法律借助特有的强制性，保障秩序。

（2）秩序对法律的重要性

对这个问题应把握下列几个观点：①秩序是法律直接的、第一步的追求。②秩序价值是其他一切价值的前提条件。③秩序是法律的基础价值并不意味着是法律最重要的价值或唯一的价值。

3. 法律秩序的主要表现

（1）法律建立和维护政治统治的秩序

这是国家和法律产生的根本历史动因。恩格斯说，在经济上占统治地位的阶级之所以要建立国家，就是为了抑制社会的混乱，而把阶级斗争纳入法规的轨道。

（2）法律建立和维护社会生活秩序

其中包括保障人身安全；通过权利义务的规定调整人际利益关系，实现正当（在统治阶级看来）的利益分配；用文明方式解决纠纷。

（3）法律建立和维护市场秩序

市场是现代社会的经济基础，是最重要的生活领域。这也是现代法治侧重维护的领域。

（4）法律建立和维护国家权力的运行秩序

它主要是建立和维护依法行政、依法司法、对权力的制约和法律监督机制，实现权力运行的公开、公正、高效、廉洁。

（5）法律诱导和强化社会的秩序（安全）意识，抵制一切反秩序的意识

第二章 法律的创制

第一节 法律创制概述

一、法律创制的一般规定性

（一）法律创制的基本内涵

法律创制，是有法律创制权的专门国家机关依照法律规定的权限和程序，把由客观的社会物质生活条件之中产生的法律需求，表现为具有一般普遍性的以社会成员的权利、义务和责任为主要内容的规范性文件的过程。为了更清楚地认识和理解法律创制的概念，我们对其内涵的主要部分作如下简要的分解剖析。

1. 从法律创制的主体来看，它较为广泛

从法律创制主体的级别划分来看，一般有两级：在单一制国家，是中央国家机关和地方国家机关；在联邦制国家，是联邦国家机关和州（如美国、德国）、省（如加拿大）、邦（如印度）、加盟共和国等联邦成员国家机关。从法律创制主体的职责归属来看，一般包括国家立法机关、国家行政机关和司法机关（主要是法院）。

2. 法律创制的方式也不是单一的而是多种多样的

包括立法（其中又包含法律制定、法律修改和法律废止）、法律认可、法律创造（法官在司法审判过程中以判决的形式创造判例法，这在普通法系国家是一种较为通行的法律创制方式）和全民公决等。

3. 从法律创制的对象或客体来看，其内容相当丰富

从纯形式方面看，包括成文法律或规范性文件和不成文法律（主要是不成文的习惯法）；从效力层次来看，包括分别由中央（联邦）级国家立法机关、国家行政机关、国家司法机关创制的宪法、基本法律、法律、决议和决定，行政法规及规范性行政决定、命令、指示、规章、判例等，分别由地方（联邦成员）级国家权力（立法）机关、国家行政机关、国家司法机关创制的地方性法规与规范性决议、决定、命令，判例等。需要特别予以说明的是，在我国，特别行政区（如香港、澳门）国家机关今后创制的地方性法规与规范性文件以及各民族自治地方的自治条例和单行条例等在效力上应划归地方级；而我国签订或加入的国际条约，则应归入中央级。

4. 法律创制是一个包含了许多中间环节的过程

从技术角度看，法律创制就是把社会中产生的客观的法律需求，通过一系列公正、民主、高效的程序，表达并体现于其载体，即有关社会成员的权利、义务和责任的具有一般普遍性的规范性文件之中。

从社会意义来看，法律创制就是按照客观的社会物质生活条件的内在要求，对社会关系进行规范性整合，从而将人们的行为纳入某种秩序之中。其特殊性在于，它对人们的行为的某种模式的抽象和总结，维持并保障着由人们的交互行为所体现某种社会关系和社会秩序，也塑造并创立着某种崭新的社会关系和社会秩序。

由此可见，法律创制是法律调整的准备阶段。只有首先进行法律创制，在法律创制这个前提和基础之上，法律调整才有可能，也才具有实际意义和有效性。没有法律创制的"法律调整"，从形式到内容都只是一个普通的语词而已，这种调整常常是专横、独断与任性的统治与处置，这是其一。其二，法律创制和立法也是既相互区别又彼此联系的。法律创制的主体比立法的主体广。立法主体一般较为单一，主要指中央国家权力机关（如美国国会、我国全国人民代表大会及其常务委员会）；法律创制主体除了立法主体之外，还包括中央国家行政机关与司法机关，地方各级国家权力机关、行政机关以及特定级别的司法机关。从方式上来说，立法仅指对宪法、基本法律和法律的制定、修改和废止几种形式，而法律创制除了立法的这几种方式之外，还有认可、法官创造和全民公决等创制方式'从对象或客体来看，立法主要对象是宪法、基本法律和法律，以及部分条例、决议和决定。

（二）法律创制的特点

第一，法律创制是一种国家行为。法律创制是国家有权机关依照法定权限和程序，把根本上由当时的客观物质生活条件所决定和制约的统治阶级的意志及其法律需要，通过国家意志上升为全体社会成员必须一体遵循的行为规范的过程。这是经常而普遍的一种国家活动形式。而任何单独的个人、社会团体、组织、一定阶层、集团，针对其成员甚至其他社会成员，以自己而非以国家的名义进行规范创制、行为模式设定与安排的行为过程不是法律创制。除此之外，还必须明确，法律创制仅仅只是国家行为的一种形式，国家的其他活动如日常行政活动、司法活动、管理活动和监督活动等，都不是法律创制。

第二，法律创制是合法行为。法律创制的主体即有关国家机关的法律创制权限是由国家的根本大法—宪法—所明确规定的。具有法律创制的国家机关是依照法律规定组建的，法律创制方式以及法律创制的程序和过程也是按照法律要求进行的。而且，法律创制的对象或客体，即人们的行为规范体系从内容到形式、从实体到程序也都必须是符合宪法和法律规定的，否则便不具有法的效力。总之，法律创制必须是合法行为。

第三，法律创制是国家主权行为。这是从对外意义上来讲的。国家的法律创制权是国家主权之独立权——国家完全按照自己的意志处理本国对内对外事务而不受他国任何形式的控制和干涉的权利的一部分。法律创制权的行使是主权国家的对内事务，由主权国家独立行使，自主处理，应该排除任何外来干涉。即使按照法定程序和要求签订、批准、加入国际条约，也是主权国家独立自主地行使排他性主权的行为，依这种方式使国际条约的约束力达于本国。这也是法律创制的一种形式。它更为直接、更为明确地体现出法律创制是国家的主权行为这一特点。

第四，法律创制是国家有关机关的职责（义务）行为。这是从对内意义上来讲的。在现代社会，民主已成为世界性潮流，而民主的一条最根本性的原则乃是人民主权原则，即全体公民是国家或政治社会的最终统治者，一切权力包括政治权力属于人民，人民的意志高于一切。国家机关及其权力的最终来源与合法基础在于人民的权力。因此，人民的权力具有终极的、本源的意义，而国家机关及其权力则是第二性的、派生的，是基于人民的同意和授权而产生的。这样，如果着眼于事物的实质和本源意义而不是仅仅从形式来看问题，那么，国家机关的权力（包括法律创制权）相对于人民的权力而言，所具有的只是因职务（位）而产生的"义务"即"职责"，而不是"权利"即"职权"。

（三）法律创制的意义

民主与法治是现代社会的基本标志，也是推动社会发展进步的两股强大的动力。法治的本质内涵乃是"已成立的法律获得普遍的服从，而大家所服从的法律又应该本身是制订得良好的法律"。这样，社会生活与社会关系的重大方面的普遍法制化，就成为法治的当然前提与不变基础。于是，把客观的社会物质生活条件产生的社会的法律需求（与统治阶级的根本利益和要求一致），通过法定程序被赋予国家意志的形式，体现在以权利、义务和责任为主要内容的，对于全体社会成员都具有普遍效力的法律性规范之中，就必然成为法制与法治的起点。也就是说，唯有首先进行法律创制，使社会生活和社会关系的主要方面做到有法可依，法制与法治的存在与运行、展开才有其逻辑的根据，才有可能性及其现实的有效性。

二、法律创制过程的自由与必然

（一）法律创制中的自由与必然

法律创制中的自由，指具有法律创制权的国家机关对于法律创制过程中的必然性（即客观规律）的认识和利用，以及在对这种必然性认识的基础上在其作用的限度和范围内自主选择和行动，以将其准确、充分、科学、合理、高效地体现或表达在为全体社会成员所作的权利义务安排和责任设定上的一种自主能动状态。而法律创制中的必然（规律）包括两个方面的内容：一方面，是法律创制过程本身的内在必然性。如法律创制应依何种程序和方式才是公正的、民主的、科学和高效的。另一方面，是与法律创制对象或客体密切相关的必然，即自然界、人类社会和思维界的客观规律。只有充分认识和利用这两个方面的必然，利用其规律性，才有可能达到法律创制中的自由状态，也才有可能创制出"良法"来，以科学合理地划定社会成员的权利义务及其责任形式，从而创造和维护有利于统治阶级的社会关系和社会秩序，促进社会在民主、法治的基础上的稳定和发展，促进文明的进步。其中，认识、把握和利用自然、社会和思维领域的必然性，对法律创制具有特别重要的意义。

人是自然的产物，是自然的一部分，人的发展离不开自然环境。因此，用那种把人与自然割裂开来，单纯地以人的发展而完全忽视人与自然的协调发展的思想观念来处理人与自然的关系的做法，有害于人的真正发展和进步。自然的发展有其自身的必然性或客观规律性，人只能认识它、顺从它而不能忽视、违背它，否则，便会受到自然规律的惩罚。如滥伐森林和破坏植被造成水土流失、土地沙漠化和盐碱化、干旱、水灾，对矿藏的掠夺式开采造成资源浪费和枯竭以及越来越严重的环境污染，等等。在现代社会，人们越来越清楚地认识到人和自然界协调发展的重要性，认识到自然规律的不可违抗性。在此基础上，重新认识和调整人对自然的态度和行为方式，并以法律的形式将其规范化，于是才有了通过法律创制而产生的水法、草原法、矿产资源法、能源法、环境保护法、污染防治法、渔业法、森林法、土地法等等。正是由于自然必然性的认识和利用，法律创制机关才在创制人与自然的相互关系领域的法律的过程中，实现了历史的、相对的自由。

思维的必然即思维规律对于法律创制中的自由的重要意义，也是不容忽视的。法律创制的直接目的，是提供有关全体社会成员的权利、义务和责任的规范性法律文件。这些法律文件是用一系列概念、范畴和术语来表达并按照一定的逻辑结构排列、组合而形成的一个完整的整体。只有当这些法律文件所使用的概念、范畴、术语是准确、明晰的，以及其内涵与外延保持统一、一致和恒定，其逻辑结构严谨而无矛盾、冲突和重叠现象，法律创制产生的规范性法律文件才会是内部和谐一致的。这样，它所设定的权利义务和责任，才可能为全体社会成员所正确理解，并一体遵循法律所内含的社会作用和价值也才可能充分实现。而做到这一步，思维规律，如排中律、同一律、矛盾律及关于概念的内涵与外延的要求等，在法律创制过程中具有重要意义。

人类社会的必然性即经济、政治、思想、文化的内在规律，特别是由一定社会的一定历史阶段的社会物质生活条件所产生的客观规律，对于法律具有最终的决定性。法律创制就是要把这种客观规律性体现在具体的法律规定之中。进行法律创制，必须正确认识和充分利用以经济运动规律为主体的各种社会运动的客观规律，准确地反映一定社会关系的客观要求。法律创制者只有正确认识和充分利用社会经济关系的客观规律，才能创制出把社会经济条件表现得好的法律规范，也才能真正达到法律创制过程中的自由的境界。

(二) 对法律创制中有关自由和必然的两个问题的基本看法

自由和必然的关系在法律创制的实践活动中的具体表现是多种多样的。法律创制者对于自由和必然的关系问题的认识和态度,在很大程度上制约、影响甚至决定着法律创制活动的过程及其结果,从而对于法律本身的质量和法律秩序状况造成重大影响。因此,对于法律创制过程中与自由和必然关系密切相关的下列两个问题进行深刻认识和理性分析,无论是在理论上还是在实践上都具有重大意义。

其一,是法律创制过程中的超前性问题。这个问题包括两个方面的内容:一是通过法律创制所产生的规范性法律文件的具体规定应不应该具有超前性;二是要不要进行超前性法律创制。所谓超前,即相对于既存和现存的社会关系和社会秩序而言,法律创制及其所产生的规范性法律文件的具体内容,要不要对过去和现在尚不存在,但将来可能出现的社会关系和社会秩序,加以规范性调整、控制和引导,将其纳入法制化轨道的问题。在我国社会主义法律创制当中,之所以出现这一问题,是因为我国以前的法学理论和法律实践,基本上都是否定法律和法律创制的超前性的。通行的法学理论和法律实践,一般都持这样的见解:法律应当是对既存或现存的社会关系和社会秩序的法律认可,应当是对人们既存或现存的社会行为的制度化安排。因此,法律不能、也不应该对尚不存在 (即使将来会存在) 或者尚不成熟、尚不成型的社会关系和社会秩序以及人们的社会行为作出规定。只有等它们成熟和成型之后,法律对其加以规制才是适当的。

这种通行观点在法律实践上造成了一系列弊端。由于法律只对已经成熟的社会关系和社会秩序、已经定型化的人们的行为模式表示其态度并采取行动,就意味着它只能对社会关系、社会秩序和人们的社会行为进行调整和控制,而不能对其进行必要且有效的引导。这种法律调整显然只是一种教条式的、机械的、被动保守的调整。它只顾眼前,而不问未来。然而,社会关系的发展并不以人的意志为转移,不管人们的主观认识和态度如何,它都在按照自己的内在规律迅速向前发展。单纯地以规则既存和现存社会关系为己任的法律,便不可避免地与社会生活现实的距离越来越远,以至于无力对社会生活进行规范调整和控制了。

有鉴于此,无论是在法学理论上还是法律实践上,都必须重新认识法律和法律创制的超前性问题,将其放在应有的重要地位上,否定法律和法律创制的超前性,就会使我国的法律创制处于不完全、不充分的状态。究其原因,还是对法律创制中的必然——社会关系的客观规律和法律本身的固有功能认识不足。由于对社会关系的必然没有准确的认识,对于社会关系的发展规律和变化趋势缺乏预见性,所以,法律创制者也就很难利用关系的必然性。显而易见,对法律引导功能的认识不足,必然使法律本身失去其应有的活力,不能有效地对现实中发展着的社会关系和社会秩序进行必要的法律调整。

法律固然是既存和现存的社会关系、社会秩序和人们的社会行为的规则,但同时也是对社会关系、社会秩序和人们的社会行为的塑造和引导。因此，法律和法律创制应该自觉地、主动地对社会关系、社会秩序和人们的社会行为予以必要的关注，并作出符合其必然性和发展趋势的模式设定和制度安排。总之，自由和必然的相互关系客观地要求法律和法律创制的超前性。特别是在我国深入开放、扩大开放并向社会主义市场经济体制转轨的今天，各种社会关系的发展变化异常迅猛、纷繁复杂，强调法律和法律创制的超前性，使我国的法律保持开放的姿态，增强其应有的弹性与活力，扩大其涵盖面和包容度，是极为重要的。

其二，是关于法律移植的问题。一般认为法律移植和法律借鉴是广义的法律继承的一个方面。为了便于把握可以把法律移植的基本含义限定为：一个国家或地区在保持其法律体系的总体风貌的前提下，有限度地对共时性存在的其他国家或地区的个别法律法规的整体引进，使其成为本国法律体系的有机组成部分；进行法律移植时，一般不对所引进的法律法规作任何变动，或者只作很小的且必要的变动。若只对共时性存在的其他国家或地区的法律法规的个别概念和术语、规范和原则等作形式或实质内容的吸取，将其纳入本国或本地区的同类法律法规之中，则可称之为对外国法的借鉴；而对历时性存在的本国、本地区或者外国及其他地区的法律法规的整体或部分甚至个别内容的吸收，以为本国本地区现行法律体系的整体之有机成分，则是法律的继承。

前已论及，法律是对事物的必然性的规范表达，是事物之间的客观规律的转化形式。法律创制就是法律创制者充分认识到了事物的必然性并利用这种必然性，将其转化为人的社会行为的规范、准则和基本模式的过程。必然性是事物内在的本质联系，是确定的规章性。既然如此，它绝对是外在于并独立于人的意志和意识的，因此它是客观的，决不会因认识和利用它的主体的不同或者主体的意志或意识的不同而改变其本来的内容'这足以证明，从根本上反映同样的事物必然性的不同国家或地区的法律法规，不会也不应该有本质的不同（至于其阶级本质的不同则是另一回事）。当然，由于受历史传统、民族习惯和文化等影响，法律的具体表现形式是会有所差别的。但是，现象上和形式上的差异，并不能成为否定本质上和内容上具有根本同一性的法律法规的移植的可能性与必要性的理由。这是其一。

其次，实践出真知，只有通过人们的社会实践活动，才有可能获得对事物必然性的认识和对事物客观规律性的把握。但是，对真理（客观规律）的认知，并不一定非得通过自己的直接的感性体验，通过亲自参加有关实践活动总结、提炼和概括出来不可。对客观规律的认识和把握，还可以通过学习他人的经验而间接地获得。否则，文化何以能够传承？文明又何以能够延续？所以，那种一味地强调从自己的实践中获得对客观必然性的认识，根本否定和拒绝通过学习间接地获得这种认识的观点，在理论上阉割了马克思主义辩证唯物主义认识论，在实践中也是有害的。因此，大胆学习和移植西方先进的法律制度，为我所用，不仅是当代中国法制实践的要求，而且具有科学的理论依据。

最后，法律是统治阶级的意志的反映，表达了一定的社会政治意识形态。因此，作为一定社会上层建筑的组成部分的法律具有强烈的阶级性。但是，法律的阶级性是从法的整体即一个国家或地区的整个法律体系而言的。作为社会控制工具和手段，作为社会调整的方式和方法，法律是一种社会技术，是"中性"的，即不具有阶级性。这就如同武器，作为工具它本无什么阶级性，但武器的使用，武器作为国家机器的零件当其融入国家机器的整体时才是有阶级性的。因此，有限度的法律移植应该是法律发展的正常情况。

其实，在历史和现实当中，法律移植不乏其例。中世纪时，日本对中国隋唐法律的移植；明治时代，日本大规模移植以德国为中心的大陆法；第二次世界大战后，日本又移植了美国法。英国法也曾向外进行过大规模的域外移植。

正是由于对法律创制中的自由和必然的认识，特别是对必然的理解并未真正到位，致使我们的法律创制并未达到自由的境界，法律创制较为落后。

在现代社会，世界经济、贸易、政治和社会的联系空前紧密，发展速度异常快捷，从生产、贸易到技术、投资，其国际化和一体化趋势非常明显。在这种情况之下，能否成为现代国际统一市场的合格成员，很大程度上取决于该国的法律环境如何。我国在改革开放基础之上，正在进行社会主义市场经济体制建设。统一的当代的世界大市场，

客观上要求我国的法制状况能与国际通行的准则和惯例保持一致或互相对接，以减少国外贸易机构对进入我国市场的各种疑虑和不安，也为我国顺利而全面地融入国际大市场创造条件。尤其在经贸、民事和商务领域，对于那些技术性特征显著的个别法律法规，如海商法、票据法、证券法、期货交易法等，直接进行整体移植，使之成为我国社会主义法律体系的有机组成部分，更好地为改革开放和社会主义市场经济建设服务，是很必要的步骤。

三、立法权在国家权力体系中的地位

(一) 立法权的内涵分析

立法权，是主权者拥有，一般由特定国家机关系统行使，以制定、认可、修改和废止规范性法律文件，实现对社会关系的规范调整，从而建立和维护主权者所希望的社会秩序的一种特殊权力。

对于立法权的内涵的准确理解，必须特别注意下面两点。

首先，立法权是国家权力或主权的一部分，在一定的时空范围内，它是统一的，具有整体性。立法权的完整统一，是国家独立自主的主权特性的反映。正是因为立法权的完整统一特性，决定了一国法律制度与法律体系的内在统一与协调。立法权的分裂表明一国政治上的分裂，即有多个政权对立存在，从而也就有多个不同的法律体系的存在并实际地发挥作用。只要国家政权是统一的，不论该国采用的是联邦制还是单一制的政权组织形式，

立法权都是完整而统一的。

其次，立法权的拥有或归属，与立法权的行使是不同的。立法权的拥有是静态的，指立法权最终由谁控制、支配、处置和所有；而立法权的行使是动态的，指立法权的实际运作方式。它是由立法权所有者决定的，由立法权所有者自己或是由别的机构或者由所有者与他人共同推动立法权运作的形式。

一般来说，专制主义制度下，立法权的拥有与行使基本上是同一的，即专制君主独自地拥有和行使着立法权。而在民主制度之下，立法权的拥有和行使基本上是分离的。具体而言，民主制的基本信念和最高原则乃是"一切权力属于人民"。人民且只有人民才是一切政治权力的最终来源。一切政治的、经济的、社会的等等权力及其组织和运作，都必须基于人民的意志，出于人民的同意，否则，它们便没有合法的前提和基础，其存在便理所当然地应该受到正当的质疑和批判。立法权与之一样，其终极归属在于人民。

立法权应当为人民所拥有，这是民主社会的一条公理性原则。但只有在特殊的情况（如用全民公决或复决来创制法律）下，立法权的行使与立法权的归属，从内容到形式才是同一的，即主体相同。民主社会的常态，是立法权的归属与立法权的行使相分离的。就是说，作为立法权所有者的人民，并不直接行使立法权，而是"委托"由其创设的特定的国家机关（如议会、行政机关等）代为行使。这种代为行使立法权的情况又是非常复杂的：它不只是由某一个特定国家机关或某一类特定国家机关系统来行使（如由中央立法机关和地方立法机关来行使），而且还可以由不同性质和类别的其他国家机关系统来共同行使（如由行政机关系统即中央行政机关和地方行政机关与立法机关一起行使）。

（二）立法权在国家权力体系中的地位

谈论国家权力体系以及立法权在整个国家权力体系中的地位，这显然隐含了一个不可回避的逻辑前提，即国家权力是可以而且也应该依据一定的标准加以划分（分立或分工）的。而与这个问题相关的是，对于分权理论和实践空间该如何看？我国通行的观点大致是这样的：国家权力（或主权）在本质上是统一的、完整的整体，不能分割。所谓分权，不过是国家机关在履行统治阶级的专政职能方面的分工而已。资产阶级的三权分立理论和实践，完全是为资产阶级的阶级统治服务而欺骗广大人民的。社会主义的中国不能实行三权分立，而只能采取国家机关的适当职能分工。从本质上说，这种认识是正确的。然而，在批判资产阶级三权分立理论的时候，不要忽略这样几点：其一，几乎所有的分权学说的主要倡导者，从洛克、孟德斯鸠到杰斐逊等，从未有人主张主权或国家权力不是统一的，而且他们都坚持民主社会的基本信条，即"一切权力属于人民"。其二，分权学说的阐释者们也都认为分权乃是国家权力行使和运行形式，是职能分工，而不是主权的分裂或对主权实行割据。因此，无论用"分权"还是用"分工"来指称，都不过是从权力行使和运作的角度上考虑的技术操作的设计方案或模式安排。其三，国家权力的统一性，并不必然要求权力一定非得由一个或一类单一的国家机关来行使，国家可以由多个不同的国家机关行使，三权分立是诸多的权力行使方式之一。即使三权分立，也有多种情形：有的是三权分立但以立法权力为最高权力且三权相互约制；有的如美国实行双重分权（联邦内部立法权、行政权、司法权分立；联邦与联邦各州相互分权）与制衡等等。简言之，批判资产阶级分权的学说和实践，应侧重于揭露其阶级实质，但这不妨碍我们大胆学习和引进它的技术操作方面的长处。因此，我们完全可以说，我国实行的也是一种分权体制的权力运作（行使）方式，即以人民代表大会及其常委会行使的立法权为最高权力，立法、行政、司法有限分权的模式。

立法权在我国的国家权力体系中居于最高地位。它是我国整个国家权力运作的起点，是国家的其他权力（如行政权和司法权）存在和有效运行的前提和基础。而行政权和司法权则是立法权的自然延伸。它们以立法权为直接来源，也以立法权为合法性基础。也就是说，行政权和司法权必须服从和服务于立法权，接受立法权的领导和监督。行政权与司法权对于立法权而言只是第二层次的权力，不能制约、限制立法权。所以，我国的分权模式与资产阶级的三权分立，无论是在形式上还是在内容上都有本质区别，更符合"人民主权"原则，有利于人民当家作主。

第二节　法律创制的原则、程序和方法

一、法律创制的原则

（一）法律创制的基本思维

从根本上讲，法律创制就是要把具体的、个别的行为方式，抽象、概括、上升为一般的、普遍的行为模式，施行于具备相同法律地位或资格的所有社会成员。因此，研究法律创制思维，对于法律创制的研究和实践都具有重要意义。

法律创制思维是具有特定对象、目的和内容的思维形式与过程，具有下列属性。

第一，法律创制思维兼具归纳和演绎双重性质。归纳，指法律创制要从古今中外立法例的对比分析，以及对现实社会关系的法律需求与法制现状的理解中，总结概括出切合时宜的法律创制体例，建构具体的法律规范体系，并运用精确的概念、术语和范畴加以表达。演绎，指法律创制思维必须在一个国家法律制度的总的原则与一般精神指导之下来展开，必须遵循法律创制的一般规律（必然性）和既定程序，使通过法律创制而形成的法律体系成为在宪法统率之下，以基本法为依据的严密的科学体系；而在这个体系中，各组成部分具有效力上的层次隶属和衔接关系。这样就可以尽量减少法律规范之间的矛盾、冲突和重叠现象，增强其效力上的包容性、互补性和内在聚合力。

　　第二，法律创制思维是反思性思维和批判性思维的有机统一。法律创制思维既然以创制法律为目的，其不言而喻的前提之一，便是对现实社会生活实际与法制状况予以全面的综合性思考，对古今中外既存和现存的、对同类社会关系予以法律调整的实际情况，进行客观的利弊得失分析和优劣比较，即进行深刻的理性反思。而批判则主要是把焦点对准法制的种种弊端和不足。其中包括对本国现行法制缺陷的揭露与批判，对国外现存同类立法例的批判，以及对历史上既存的所有同类立法例的批判等。

　　第三，法律创制思维是创造性的思维。法律创制思维的着眼点，在于社会的发展和进步。它以本国法律的完备充实为目标，具有很强的实践操作性，不论是对古今中外具体立法例的批判，还是对本国社会法律需求与法制现状的反思，其目的都是通过创造性的思维而寻求一种对某种社会关系予以准确、恰当、完备的法律调整的精巧的法律模式与立法体制，使之适合于当前的社会生活实际。

　　时下，我国正在进行社会主义市场经济建设。社会主义市场经济是高度发达的商品经济，是在自由、平等的竞争基础上的交换经济，需要统一而开放的国内市场，相应地也要求提供一套稳定、全面、统一并与国际惯例充分对接的市场规则。因此，市场经济在本质上是法制经济，以及在法制基础上的法治经济。它无疑对法律创制提出了更高的要求。所以，仅就法律创制思维而言，有必要在如下几个方面进行思维模式的转换。

1. 从单向度思维转向多向度思维

　　单向度思维是一种机械的思维模式，即从单一角度出发，研究对象间的单向联系，平面式地把握事物的环节和要素，寻求单一的解决问题的途径“而多向度思维则是一种系统思维，即从多种角度上研究对象的多向联系，立体式地把握和思考问题的多极本质和原因，力求寻找解决问题的多种途径和方案。在现代社会政治、经济、文化、历史、习俗和法律之间的互动性和关联性日益强劲，唯有变单向度的法律创制思维为多向度的法律创制思维，才能适应社会主义市场经济对法律创制和法制的要求。这就不能仅仅满足于就法论法，而应该联系本国经济、文化、民族、历史传统等多方面的具体情况来考虑法律创制，分析法律与诸社会现象之间相互联系和相互制约的情形为创制提供良好的社会环境与运行空间。

2. 从封闭性思维转向开放性思维

　　现代社会是一个高度开放的社会，各种社会因素在相互交流之中碰撞、整合、融汇、互相影响和制约。市场经济有其自身良性运作的客观规律，而作为规制市场经济的法律要充分反映这一规律以在这方面，世界上许多国家有长期建设市场经济的成功经验，制定并形成一大批充分反映市场经济规律且仍在有效地规制市场运行的法律法规与商业、贸易惯例。对此，我们完全应该以科学的态度和开放的胆略，予以充分吸收和借鉴。这也就是在法律创制思维上，充分考虑并积极主动地开展法律移植和借鉴工作，须知，市场经济法律中的许多内容和许多方面是没有姓社姓资之分的。

3. 从局部思维转向整体思维

法律是一个综合性的立体的社会关系调节系统，其内部的和谐一致可以降低法律调整的社会成本，提高调整效率。因此，在进行法律创制思维时，必须充分考虑其与现存法律法规的衔接和协调，从宏观上、从整体上把握具体法律的创制。"头痛医头、脚痛医脚"式的法律创制，由于其不可避免地与其他法律规范发生矛盾和冲突而导致朝令夕改，从而破坏法律制度本身的和谐与统一，损害法律的权威性和严肃性。整体的立法思维，要求改变现行的"粗线条""大纲式""原则性"等缺乏操作性的法律创制，避免法律的细则化和副法体系过分膨胀的不正常现象。同时，整体的法律创制思维还要求防止部门本位主义和地方本位主义法律创制造成法律之间的矛盾和冲突，扰乱市场秩序。

4. 从静态思维转向动态思维

可以说，传统的法律创制思维方式是一种典型的静态思维，它把法看作是社会关系的定型化与模式化，单纯强调对已"成熟的"社会关系的确认，，在这种静态的法律创制思维方式下进行的法律创制，落后于社会生活实际。由于法律本身缺乏适应社会生活发展的应变能力，它自然也就无力对社会关系予以充分有效而适时的恰当调整，很容易窒息法律的生命力。现代社会所需要的法律创制是动态的法律创制思维，是立足于现实而着眼于未来的思维。它把现实中需要法律调整的社会关系放到其未来的发展链条中予以考察，能够预见其发展趋势。因此，动态的法律创制思维不仅仅把法律看作是对社会关系的确认，而且看作是对社会关系的引导。这样，法律就不只是被动地而是主动地对社会关系予以充分有效地调整，从而能够高度灵敏而准确地反映和适应社会关系的发展变化。在我国进行社会主义市场经济建设的过程中，完全可以预料，社会关系的变化发展将更加快捷，情形也更为纷繁复杂，静态的法律创制思维肯定跟不上社会形势的发展，更无力充分反映市场经济的要求。加强动态的法律创制思维，强调法律创制的导向性，以增强其社会应变力，是时代和现实的客观要求。

（二）法律创制的一般原则

法律创制的一般原则，是整个法律创制过程都必须遵循的普遍性准则和基本原理。它贯穿于法律创制始终，体现于法律创制的各个环节和方面。可以认为，我国社会主义法律创制必须遵循如下一般原则。

第一，人民利益至上原则。我国是社会主义国家，人民是社会的真正主人。从根本上来说，我国所有的政治组织和机构，所有的社会制度设置，甚至包括国家本身，都是为了人民而存在的。它们必须受制于人民，并以人民的根本利益为依归。法律创制应该以保护人民利益为最高目的和根本宗旨，无论是对法律权利的设定，还是对法律义务的安排与法律责任的确认，都必须以此为最终的检验标准。

第二，有利于生产力的发展原则。社会主义的根本任务是解放和发展社会生产力，提高生产力的水平，创造更多的物质和文化精神财富，以满足广大人民的物质和精神需要。因此，我国的法律创制必须以有利于生产力的发展和提高为一般原则。这也就要求在进行法律创制时，必须充分认识、尊重和利用客观规律，为社会生产力的发展创造条件。

第三，民主与集中相结合原则。民主原则要求我国的法律创制权由人民直接行使，由人民参与维护其根本利益的法律法规的创制，以体现人民自己当家作主和管理国家的民主权利的实现。同时，社会主义法律既是广大人民意志和利益的反映，又是客观规律的正确反映，二者是统一的。而这只有充分发扬民主，让人民群众参与法律创制，法律才能较好地符合和正确地反映客观规律。除此之外，民主原则还包括法律创制机关的组成和法律创制程序公开化、民主化、有序化和制度化。

集中原则指法律创制主要还是要由专门的具有法律创制权的国家机关来进行，不宜过分分散法律创制权；授权性或委托性法律创制要严格控制，以免部门本位主义和地方本位主义影响法律创制。

(三) 法律创制的具体原则

我国社会主义法律创制的具体原则，是法律创制的一般原则的具体化，具体原则是指导法律创制的操作过程的技术性原则，主要涉及所创制的法律的内容。

1. 合法性原则

法律创制的合法性原则要求我国的法律创制从实际内容到创制过程和程序都要符合宪法和基本法律法规的规定，这是法律创制属于国家的合法行为的本质内涵。我国是社会主义国家，在社会政治生活领域奉行民主法制原则，主张厉行社会主义法治。法制和法治首先体现在社会、政治、经济等生活的方方面面，但同时也体现在法律创制、法律的执行以及司法和法制监督等方面，这才是法制和法制基础上的法治的完整意义。

2. 原则性与灵活性相结合原则

法律创制要坚持原则性，包括一般原则和具体原则。但同时，为了法律的实际应用和操作，又要求在一定条件下对法律作一些灵活、变通的、深具弹性的补充或例外规定。我国现阶段生产力发展不平衡，存在多种经济形式；我国地域广阔，各地的地理环境、人口状况、民族关系、风土人情、历史传统以及经济、文化、社会等的发展极不平衡；为推行改革开放政策，建立了一系列经济特区和沿海开放城市的设置以及香港、澳门特别行政区等，所有这一切都表明，法律创制中的灵活性也是极其重要的。

3. 确认与引导相统一原则

法律按其功能而言，既是对现存社会关系和社会秩序的确认和维护，又是或应当是对未来的社会关系的引导以及对将来的社会秩序的塑造。法律创制必须体现二者的统一与有机结合。以往我们片面强调法律只能确认既得的成果，而不能只有纲领的观点和做法是很不适当的。它表明法律创制对于社会的客观规律及其事物的变化、发展趋势缺乏真正的认识和把握，因此在法律创制上显得极其消极、被动，它自愿放弃了那些可以充分体现法律的价值和作用、法律可以大有作为的现实机会如果我们改变这种传统的法律创制思维，积极主动地让法律参与社会生活，变消极性法律创制为积极性法律创制，变被动式法律创制为主动式法律创制，主动地、积极地对社会关系加以引导，那么，就可以建立新的符合社会客观规律的社会关系，相应地塑造出崭新的社会秩序。这样一来，我国的社会主义法律必定会焕发出新的生机与活力，必定会在更广大的范围内、更深刻的层次上发挥其应有的社会作用和价值。

4. 自我创制与外部移植相结合原则

法律是反映统治阶级的意志和利益的，而归根到底又决定于该社会的物质生活状况。因此，我国的法律创制首先要从我国的国情出发，在对客观社会规律的认知、把握和利用的基础上，总结、提炼客观的社会法律需求，通过法律创制而准确、完整地把它们纳入一定的法律法规之中。因此，法律创制应当以自我创制为主。但是，法律除了反映统治阶级的意志和利益外，它也是对客观规律的正确反映；法律除了体现一定的政治意识形态之外，它还是一种具有普遍性或一般性的社会控制和社会调整的工具，一种社会技术手段。而恰恰在这些非阶级性的社会操作技术方面，我国法律创制水平比较落后，不能满足社会经济发展的需要。因此，为了尽可能地消除法律对社会关系调整的盲区，从高效率地实现一定社会关系的规范化运行出发，对于外国的那些技术特征和操作属性较强的有关经济、贸易、商业等领域的法律法规应大胆地移植引进，使之在我国的社会主义建设过程中发挥作用。

5. 法律法规的稳定性与适时的变动性相结合的原则

法律是在一定的社会客观规律基础上对社会关系和社会秩序的调整和安排，具有普遍的适用性。因此，只有保持其相对稳定性，才能在有效的运行和操作中体现其极大的权威性，社会成员也才能准确地认知、理解和遵循。但另一方面，社会关系又不是凝固的、僵化的，它始终处于变动和发展之中。因此，法律的稳定性只能是相对的、有限的，这就要求法律创制始终保持开放的态势，敞开自我完善的空间，审时度势地随着社会关系的发展而及时对既有法律法规进行修正、废止或重新创制，使法律法规始终保持对社会关系的相对适应性。

二、法律创制的程序

（一）法律的创制程序

社会主义法律制定的程序，是指有权的国家机关制定、修改和废止法律的法定步骤。

严格按照法定的程序进行立法活动，是社会主义法制原则的要求，是保证立法质量的重要条件。

我国最高国家权力机关制定的法律的程序，可概括为以下四个步骤。

1. 法律议案的提出

法律议案是关于法律制定、修改或废止的提案或建议，由具有法律提案权的国家机关或人员向立法机关提出。依据我国有关法律的规定，享有法律提案权的包括：①全国人民代表大会主席团、全国人民代表大会常务委员会、全国人民代表大会各专门委员会、一定的全国人民代表大会代表和全国人大常务委员会委员。②国务院。③中央军事委员会。④最高人民法院。⑤最高人民检察院。

2. 法律草案的审议和讨论

法律草案的审议和讨论，指法律制定机关的全体成员，从立法宗旨、基本精神、内容和合法性等方面，对草案进行审议和讨论，以便使法律草案尽可能地完善，并统一意见。讨论要依照法律规定的方式进行，特别是要充分发扬民主精神，尊重保障发言人的权利，力求做到知无不言，集思广益。

在我国，一些重要的法律草案除立法机关审议外，还要发给各有关国家机关、民主党派、社会团体和人民群众讨论。像宪法这样特别重要的法律，还要经过全民讨论。

3. 法律的通过

法律的通过，是指立法机关的成员，在对法律草案进行认真的审议和讨论以后，按照法定的方式，对法律草案进行表决。只要达到法定的赞成票便算通过，成为正式的法律。我国宪法和法律规定，宪法要由全国人大以全体代表的 2/3 以上多数通过，普通法律由全国人大或全国人大常委会以代表或委员的过半数通过。

4. 法律的公布

法律的公布，就是把已经通过的法律按照法定方式予以公布，使之为社会所周知，从而便于全社会一体遵行。未经公布的法律，不具有法律效力。我国宪法由全国人大主席团以公告形式公布，普通法律由国家主席以命令形式公布。

我国其他国家机关制定规范性文件的程序，与最高国家权力机关制定法律的程序大体相仿。

（二）行政法规和规章的创制程序

国务院可以根据宪法和法律制定行政法规；国务院各部、各委员会，可以根据法律和行政法规制定规章。

1. 行政法规的提出

按照宪法、有关组织法等法律规定，国务院各部、各委员会、各直属机构、各办事机构以及国务院的由有关部委归口管理的国家局机构，可以向国务院提出行政法规草案。

部门规章案由部门内业务主管部门（司、局）在其职责范围内提出，规章内容涉及两个及两个以上业务主管部门的，由其联合提出；涉及全局性的规章案，由部门内法制工作机构提出。

2. 行政法规案的审议

行政法规案的审议，由国务院常务会议进行。一般由提出行政法规的草案的部门作说明，国务院法制局作审查报告。根据国务院《行政法规制定程序暂行条例》，行政法规草案也可以由国务院总理审批。部门规章草案，由部务会议或委员会会议审议。审议时，提出规章草案的部门的负责人作草案说明，由负责审查的法制工作机构负责人作审查报告。

3. 行政法规案的通过

行政法规草案审议完毕，由总理最后决定是通过、否决还是暂不通过，以后经研究修改再行审议。部门规章草案在审议之后，由部门首长最后决定是否通过或暂不通过。

4. 行政法规的发布

行政法规通过后，由国务院总理签署发布令予以发布；经国务院批准而由国务院各部、委等部门发布的行政法规，由部、委等首长签署发布令。

部门规章以部、委令形式发布，由部长或委员会主任签署一。

我国省、自治区、直辖市的权力机关制定地方性法规。省、自治区人民政府所在地的市和经过国务院批准的较大的市的人民代表大会及其常委会制定适用本地方的地方性法规，报省级人大常委会批准后施行。省级人民政府及其所在地的市、经国务院批准的较大的市的人民政府制定的行政规章等，其程序同行政法规制定的程序颇为一致，不再详述。

三、法律创制的方法

（一）法律制定

这里所讲的法律是从广义上使用的，泛指所有的规范性法律文件。它们制定的方法，有如下几种。

第一，立法。这是规范性法律文件从无到有的编排、加工、制作过程。立法表现为法律主动地参与对社会关系和社会秩序的协调，将一定的社会关系和社会秩序纳入其范围之内，而予以规范性调整。从另一个角度来说，立法也就是对客观的社会的法律需求，通过法定程序，表达在一定的规范性法律文件之中，以使全体社会成员一体遵循。立法是法律创制的主要方法。我国的立法有两个层次：中央级立法，包括最高国家权力机关即全国人民代表大会及其常务委员会的立法，国务院及其部、委等的行政立法；地方级立法，包括有立法权的地方国家权力机关即地方各级人民代表大会及其常务委员会的立法、地方国家行政机关即地方各级人民政府的立法，以及回归祖国以后的香港特别行政区和澳门特别行政区的立法。

第二，法律的修改。法律修改是指在保持原来法律的主体或主要部分内容不变的前提下，对于该法律的个别规范或少部分内容所作的局部的、有限的修正、调整和改动，不改变法律的原有风格与概貌，对法律的总体影响不大。反之，对法律的主要内容和大部分规范都作了修改，只保留了部分内容和少部分规范，这就不是法律的修改了，称之为立法更恰当。

第三，法律废止，法律废止指法律的主要内容和绝大部分规范都不再适合于已经发展变化了的社会关系的现实，因而有法律创制权的国家机关，在其权限范围内，按照法定程序终止该法律的效力的活动。法律的废止，当然也就是法律效力的终止。对此，在法律效力的部分有专门的阐述。

立法、法律修改和法律废止是法律创制机关经常的主要的职能活动，也是法律创制的最主要的（也是最基本的）方法。

（二）法律认可

法律认可，指法律创制机关将已经在现实社会生活中存在并对社会关系和社会秩序广泛地起着规范调节作用的道德规范、传统风俗和习惯直接纳入法律之中，承认其具有法律效力的活动。也就是说，通过法定程序，将这些风俗和习惯打上国家意志的烙印，使其得到国家强制力的保障和全体社会成员的一体遵循。这种形式的法律认可，一般是在立法过程中完成的，只是从内容上看，立法所设立的法律规范与法律认可的规范有所区别。从国内法的意义上，法律认可体现得比较显著和充分的是有关民族自治地方的法律，而且主要集中在如婚姻法和继承法等民事法律领域。

除此之外，法律认可还有特别的含义，即特定国家机关通过特别文件认可国际条约，使本国受其约束的活动。在国际法中，条约具有广义和狭义两种。广义的条约，指不论以何种名称出现的国际书面协议，包括公约、条约、协定、议定书、宪章、盟约、规约、换文、宣言等；狭义的条约，仅指这些国际书面协议中以条约为名称的协议。世界各国对不同种类的条约（广义）在本国生效的程序，都有不同的规定。一般来说，重要的国际公约、条约和协定均须由国家立法机关批准，其他一般性条约由行政机关核准即可生效。

（三）法律创造

作为法律创制方法的法律创造，特指由司法机关及其特定人员对法律的创设。这种情形最典型的是英美法系各国（除英国和美国外，还包括印度、巴基斯坦、缅甸、马来西亚、新加坡、澳大利亚、新西兰等）。这些国家奉行司法完全独立原则，承认法官具有法律创造职能，法官通过具体的司法审判创造的法律原则具有法律约束力。这样的判例也就成为法律的形式之一。而在适用法律时，法官有遵循行使原则的义务。法官造法主要是在既无成文的制定法，又无本院和上级法院所创造的先例时，才成为必要和可能。

（四）一个与法律创制方法有关的技术问题

我国的法律创制工作一般都由法律专家承认，这是我国的通行做法。虽然这种法律创制方法自有其优点，但从技术角度看，其缺点也很明显：它要求实际从事法律创制的人员，既是法律专家，又是或者应当是其他领域的专家。由于法律创制不仅仅是个纯粹的法律问题，而且与政治、经济、文化、教育、社会诸领域的问题密切相关，且涉及语法规则、概念、范畴和术语的使用，以及逻辑结构等问题。显然，要求法律创制人员一身兼数任，充当多种角色，不仅精通法律，而且通晓所有与具体法律创制有关的各领域的知识，是对他的过于苛求和理想化了。但仅仅就法论法而对与其相关的各种问题视而不见或者重视不够，则无异于闭门造车。这又会使法律创制脱离社会生活实际，法律内容难免矛盾、冲突、重叠、含混和遗漏，甚至在基本语法、术语使用和逻辑结构等方面都出现许多问题。

因此，在进行具体法律创制时，从技术上考虑，有必要同时吸收经济学家、商业贸易专家、社会学家、语言学家、逻辑学家、自然科学家、工程技术专家等有关方面的专家学者，与法律专家共同参与工作，以提高我国法制创制的质量，增强其科学性、社会适应性和实践操作性。

第三节 立 法 体 系

一、立法体系与法律体系的区别

（一）立法体系的概念和特点

立法体系是由一定国家机关所制定并由国家强制力保证其实施的规范性文件的系统，它又可称为规范性文件体系或法的渊源体系。

因"渊源"有来源、根源、溯源的含义，因此，从不同的学科角度出发，法的渊源其具体含义是各不相同的'从法哲学角度来看，法的渊源指法来源于统治阶级所赖以存在的一定社会的物质生活条件，这是一种最根本意义上的来源。从政治学角度，它是指法来源于统治阶级的政策，法是统治阶级政策的条文化、法律化。一般而论，法的渊源指法的创制方式和外在表现形式，即拥有法律创制权的国家机关通过什么方式和程序来表现具有普遍效力的规范性文件。

对法的渊源的研究包括两个方面：一是法律规范的创制机关、创制权限和创制方法

（制定或认可），即哪些国家机关，在什么领域内，以何种方式创制法律规范。二是法律规范有哪些表现形式，不同形式的规范之间的效力等级和相互关系怎样。从这个意义上说，法的渊源只是一种形式上的渊源，即形式上法律规范的效力来自何种创制法的机关，以什么样方式创制出来的。只要一个行为规则是由具有法律创制权的国家机关制定或认可的，它就取得法的效力。

作为法的渊源的立法体系，具有统一性和多样性的特点。立法体系的统一性，是由规范性文件所表现的内容的统一性所决定的。这种统一性首先要求规范性文件要使用统一的术语，具有统一的格式，立法技术也必须规范化、标准化，从而使规范性文件体系在表现形式上具有统一性。其次，是要求创制规范性文件的机关的组织机构、创制规范的权限和方式要明确，保持相对稳定性，以保证规范性文件体系在外部效力上的统一。最后，各种规范性文件在功能上应该是普遍联系的，既相互区别又互为补充，从而在其内部保持统一的协调性。立法体系的多样性，源于它仅属于法的外部形式问题。虽然法的渊源与国家政权中权力机构的各种组织形式密切联系，以及社会物质生活条件通过政体来影响立法体系的构成，但法的渊源相对于它的本质和内容又具有相对的独立性。除了国家政体以外，一国的历史传统、民族习惯、历史中的特殊事件、法律学说都可以影响法律规范的表现形式和法的创制权的设置，从而使法的渊源在不同国家表现各异，立法体系在结构上呈现出多样性。大致来说，构成立法体系的法的渊源有以下几种形式：制定法、习惯法、判例法、君主敕令、教义、国际条约和法律学说等等。在19世纪以前，习惯法通常是法的主要渊源，到了近现代，由于社会的进步、文明的发展，制定法的地位和判例法的作用不断上升。在当今世界，尽管不同的法系有"趋同"的趋势，但不同法系的国家，其立法体系结构上的差别仍是很大的。

（二）立法体系与法律体系的区别与联系

法律体系是由社会关系所决定的、在历史发展过程中逐渐形成的法的内部结构。立法体系（规范性文件体系或法律渊源体系），是指法的外在表现形式。两者既有联系又有区别，它们的关系是内容和形式的关系。它们的联系主要表现在两个方面：一方面，立法体系是法律体系的外在表现，法律体系的基本构成因素——法律规范是规范性文件的思想内容。规范性文件的内容以及它们之间的相互关系，并不是由法的创制机关任意确定的。立法体系只有正确反映法律体系的内在结构，才具有实际意义。另一方面，法律规范、法律部门的内容及其相互关系，也只有在系统化的规范性文件中体现出来，才能为人们所掌握，才能发挥其社会调整作用。因此，立法体系和法律体系应当在立法技术和立法条件所许可的范围内达到最大程度的协调、统一。具体表现为在微观层次上，规范性文件的条文应当同法的体系的基本细胞——法律规范相呼应；在宏观层次上，规范性文件的结构系统应同法的部门相联系，而规范性文件的效力等级则应体现法律规范之间的层次性关系。一个国家中规范性文件体系同法的体系是否具有统一性，统一的程度如何，在一定程度上反映了该国立法技术的发展水平。不过，立法体系与法律体系的这种协调统一性是相对的。这主要是因为，首先，立法者立法时首先考虑的是社会生活对法律调整的现实需要，而不是规范性文件系统与法律体系的理论模式相适应；其次，法律体系所反映的社会关系的结构会随着历史的发展而不断变化，这也就使法律体系的内在结构也会相应地不断发生变化。而立法体系只有当法律体系相当稳定时，才能通过对规范性文件系统的整理活动，达到立法体系与法律体系较为紧密的协调统一。

在强调法律体系与立法体系的联系时，还应该看到，它们毕竟是两种内在规定性各异的体系。它们的区别表现在以下几个方面。

1. 体系形成过程中主客观因素作用的程度不同

法律体系形成过程中，客观因素起着主要作用。法律体系是法的合乎历史发展规律的演进结果的表现。它以一定生产方式条件下社会关系对法律调整的需要为基础。立法者不能随意更改这种根源于社会物质的客观条件所形成的体系，而只能尽量地使制定出来的规范性文件符合法律体系的格局。与法律体系不同的是，在立法体系形成过程中，立法者的主观因素则起着主导性作用。立法者立法时，除了社会关系对法律调整的需要之外，立法者的自身阶级利益和世界观，该国的法律传统等因素，对立法文件的最后形成，都有巨大影响。法律规范性文件形成以后，为了系统化，在对法律规范或法规进行清理、编排过程中，立法者的主观裁量权就更大。他们有权决定法律条文的表达方式以及规范性文件系统化的方式。当然，法律体系的客观性和立法体系的主观性都不是绝对的。法学家、立法者对法律体系的认识，对法律体系的建立也有重要影响作用；同时，立法体系形成过程中，也不可能完全不顾客观现实，而凭空杜撰。

2. 基本构成因素不同

法律体系的基本构成因素是法律规范。它由法律规范组成法律制度、法律子部门、法律部门，作为法律体系的组成部分。立法体系的基本构成因素，是法律条文和规范性法律文件。

3. 法律体系与立法体系具有不同的结构

法律体系的结构，是按照法律规范所调整社会关系的性质和方法而划分的法律部门。其纵向结构为规范、制度、子部门、部门、部门群；立法体系的结构，是按照创制规范性文件的国家机关在国家机构中的地位而排列的。其纵向结构为宪法、法律、行政法规、地方性法规等。法律体系的横向结构，为不同的法律部门、制度；而立法体系的横向结构，为不同法律部门的规范性文件。

法律体系和立法体系的以上区别与联系表明，两者不可混同，也不能通过一项终极性努力来达到法律体系和立法体系之间绝对的和谐统一。应该从实际情况出发，通过不断总结经验，来寻求立法体系与法律体系相互协调的具体方式，找出它们相互联系的一般规律，为立法体系的科学化奠定理论基础。

二、立法体系的结构分析

（一）立法体系结构的一般分析

相同本质的法，在不同国家中会有不同类型的法的渊源，从而立法体系的内在结构相异。比较而言，同一法系的国家，法律渊源大致相同，具有相近的立法体系。一般认为，在大陆法系国家中，具有约束力的法律渊源主要是宪法、法律、行政法规等。另外，经国家立法机关认可的习惯和国际条约也是有约束力的法律渊源，而判例法和法律学说以及法律解释不是法的渊源，而只是一种有说服力的法律因素。因此，可以说大陆法系中立法体系的基本结构是：宪法、法律、行政法规，经批准或认可的条约和习惯。在英美法系中，判例法占据主导地位，制定法只是对判例法的补充，对制定法的解释要受到判例法的限制。除此以外，习惯法、条约、法律解释也是重要的法律渊源。因此，在英美法系中，立法体系的基本结构依次为：判例法、制定法、条约、习惯法和法律解释。

（二）当代中国立法体系的结构分析

我国社会主义法的渊源主要是由国家机关制定和发布的各种制定法。这些制定法是由各种管辖范围和权力性质不同的国家机关所制定的。另外，经国家机关所批准的国际条约和认可的习惯，也是我国的法的渊源。根据宪法和有关组织法的规定，我国社会主义立法体系的结构大致由以下几类法律渊源组成。

1. 宪法

宪法是国家的根本大法。它具有最高的法律效力，规定的是国家的根本制度，因而，它在立法体系中居于首要地位。宪法是我国立法工作的依据，一切法律、行政法规、地方性法规和其他规范性文件，都不得与宪法相抵触。宪法的制定和修改，都不同于其他规范性法律文件。在我国，宪法是由最高国家权力机关即全国人民代表大会制定和修改的。宪法的修改，需全国人民代表大会五分之一以上的代表或全国人民代表大会常务委员会提议，并由全国人民代表大会以全体代表的三分之二以上多数通过。这比一般法律只需半数通过要严格得多。

我国现行宪法宣告，宪法具有最高的法律效力，全国各族人民，一切国家机关和武装力量，各政党、社会团体和企业组织，都必须以宪法为活动的根本准则。全国人民代表大会负责监督宪法的实施，全国人民都负有维护宪法的尊严、保证宪法实施的职责。

2. 法律（狭义）

法律是全国人民代表大会和全国人民代表大会常务委员会制定的规范性文件的统称。

其法律效力和地位仅次于宪法，也是我国重要的法律渊源之一。

根据宪法的规定，法律分为基本法律和基本法律以外的法律。基本法律指全国人民代表大会制定和修改的、规定社会生活的某一方面带根本性、全局性关系的规范性文件，如《刑法》《民法》《刑事诉讼法》《民事诉讼法》等。

基本法律以外的法律，是指由全国人民代表大会常务委员会制定和修改的，其内容较之基本法律所涉及的范围更为狭窄的规范性法律文件，如《著作权法》《专利法》《会计法》等。

全国人民代表大会及其常委会所作出的决议或决定，如果其内容不是一般宣言之类文件，而属于规范性的规定，也应视为狭义的法律。如全国人民代表大会《关于修正中华人民共和国宪法若干规定的决议》，全国人大常委会《关于禁毒的决定》《关于惩治走私、制作贩卖、传播淫秽物品的犯罪分子的决定》，等等。

3. 行政法规和行政规章

行政法规，是专指国务院制定、颁布的有关国家行政管理活动的规范性文件，其效力低于宪法和法律。国务院所属的部委在自己职权范围内所制定和发布的规范性文件是行政规章，也属于法的渊源，其效力低于宪法、法律和行政法规。

国务院发布的规范性文件中，还有一种是与中共中央联合发布的指示和决议。这些具有规范性文件性质的指示与决议，既是党的路线政策的体现，又是国务院的行政法规，也是法的渊源，如《中共中央、国务院关于加快发展第三产业的决定》。

4. 地方国家机关制定的地方性法规、规章和其他规范性文件

地方性法规，是专指省、自治区和直辖市的人民代表大会及其常委会制定的规范性法律文件。根据现行宪法和有关组织法的规定，自治区和直辖市的人民代表大会及其常委会在不同宪法、法律和行政法规相抵触的前提下，可以制定和发布适用于本地区的地方性法规，并报全国人大常委会备案；省、自治区人民政府所在地的市和经国务院批准的较大的市的人民代表大会及其常务委员会，在不同宪法、法律、行政法规和本省、本自治区的地方性法规相抵触的前提下可以制定适用于本地方的地方性法规，报请省、自治区的人大常委会批准后施行，并由省、自治区的人大常委会报全国人大常委会备案。省、自治区、直辖市的人民政府，省、自治区、人民政府所在的市的人民政府，以及经过国务院批准的较大的市的人民政府，在不与宪法、法律、法规和行政规章相抵触的情况下，有权制定适用于本地方的地方性规章。

5. 民族自治地方的自治条例和单行条例

根据宪法规定，民族自治地方的人民代表大会有权依照当地民族的政治、经济和文化的特点，制定自治条例和单行条例。自治条例和单行条例在民族自治地方自治机关管辖范围内有效。

6. 特别行政区的法

特别行政区的法，包括两种：一是全国人民代表大会制定的针对特别行政区的规范性文件，这种规范性文件对全国都具有约束力；二是拥有立法权的特别行政区立法机关制定的在特别行政区具有普遍约束力的行为规则。

特别行政区的法作为我国法的渊源，使我国立法体系呈现出更为复杂的结构。这也是我国社会主义立法体系的特色之一。

7. 国际条约

国际条约不属于国内法的范畴。但我国正式签订或加入的国际条约对我国的各级机关和公民都有约束力。这些条约也可以视为全国人民代表大会批准的规范性法律文件。因而，也是我国法的渊源之一。

以上这些由不同国家机关制定和批准的具有不同法律地位和效力的规范性法律文件共同构成了我国以宪法为核心，以各种制定法为主要组成部分的立法体系，形成一个横向有联系、纵向有隶属的金字塔式的有机整体。

三、立法的系统化

(一) 立法系统化的必要性

立法系统化，又可称为规范性文件系统化，它是对国家机关已经制定和颁布的各种规范性法律文件，按照一定的标准和要求，进行归纳整理或者编纂，使之成为内部协调统一的整体的一种活动。这种活动既可以是国家正式的具有立法性质的活动，也可以是各种机关、社会团体在立法之后对规范性法律文件所进行的整理活动。这种活动可以根据其性质进行不同的分类。

立法系统化的目的是为了使现行的规范性文件形成一个统一、协调和完整的体系，保证法的系统性。之所以要进行这种活动，是由一些客观因素所决定的。首先，立法系统化是由法所调整的社会关系的系统性所决定的。社会生活中各种社会关系是相互联系的统一的整体，客观上要求法对这些社会关系进行统一的调整。相反，如果法律规范之间处于一种不成体系的、零散的，甚至相互冲突的状态，就有可能使相互协调而又相互制约的社会关系之间失去平衡，从而最终使法的社会调整功能失灵。在此种情况下，就需要根据客观物质生活条件和社会关系的变化，对不断产生出来的规范性文件进行清理、归纳，以保证现行法律对社会关系调整的统一和协调。其次，立法的系统化也是法的相对独立性所决定的。虽然法必须符合社会已经成熟的物质条件的要求，但法一经产生，便具有相对于社会物质生活条件的独立性。这种独立性的表现之一，就是法的外部表现形式即立法体系应该是统一和协调的。这是保证法能高效地进行社会调整的重要条件。最后，立法的系统化也是法制的要求。

（二）立法系统化的方式

立法系统化有三种基本方式，即法规清理、法规汇编和法典编纂。

1. 法规清理

法规清理，是拥有法律创制权的国家机关，依法对一定时期所颁布的规范性文件进行审查，重新确定这些规范性文件的法律效力的活动。法规清理具有以下特点。

第一，法规清理是拥有法律创制权的国家机关的专有活动，其他国家机关、社会团体和公民个人都不能从事这种活动。一般说，各种不同法的渊源的规范性法律文件分别由其相应的创制机关进行清理，即：法律由全国人大及其常委会负责清理；行政法规由国务院负责清理；部门规章由国务院所属各部委负责清理；地方性法规由各省、自治区和直辖市人民代表大会和人大常委会负责清理。

第二，法规清理对象是已经颁布生效的规范性法律文件，包括法律、行政法规、地方性法规、规章等。即使有的规范性文件在实际法律活动中早已失去应用价值，只要尚未被明令废止，均应成为法规清理对象。但国家机关关于适用法的非规范性文件，则不属于法规清理的对象。对规范性文件的清理，是依照一定标准，对现行法律规范进行审查，检查法律规范是否同更高层次的法律、法规和我国加入或缔结的国际条约相抵触，是否同党和国家现阶段的基本国策相吻合，最后确定这些法律规范的效力。

第三，法规清理活动可能有三种法律后果，即明令废止、责成修改、延长效力。清理依一定程序完成以后，负责具体清理活动的法律创制机关的专门工作机关，向法律、法规创制机关提出审查意见书，报创制机关批准。对应废止的法律、法规由创制机关公告，明令废止；对需要修改的法律、法规，由有关机构列入立法规划，进行修改；对应继续生效的法律、法规，以默认方式确认其法律效力，对其中已期满的，明令延长其法律效力。

2. 法规汇编

法规汇编，也称法令汇编或法律汇编，是在法律清理的基础上，按照一定的分类标准，对现行各种法律和有关的规范性文件进行系统排列，汇集成册。

法规汇编的主要目的在于使规范性法律文件集中化、系统化，方便人们查阅，以利于人们了解现行法律，同时也有助于执法、司法。法规汇编对于总结立法的经验教训，进行法典编纂都有重要的辅助作用。

法规汇编的主要特点是：不改变规范性文件内容，即忠实规范性法律文件的原本，既不对规范性文件进行文字修改，也不制定新的法律规范，而只对其外部进行加工整理。因此，法律汇编只是规范性文件系统化的一种低级形式，并不具有创制法律的性质。

法规汇编，按照不同标准可以进行不同的分类。

第一，根据规范性文件颁布时间的先后顺序进行汇编的，称为编年性法规汇编。这种方式把已经制定的各种形式的法律、法规不论其有效与否，都汇集成册，以便人们了解立法发展的全貌。

第二，根据规范性法律文件的法律地位和效力进行分类。这种方式先将规范性文件区别成法律、行政法规、地方性法规、自治法规等类别，然后再分类汇编O

第三，根据规范性法律文件的调整内容进行汇编。如《中华人民共和国涉外经济法规汇编》。

第四，根据编者的特殊需要进行汇编。如《中华人民共和国科学技术法规选编》，司法部门根据司法工作需要编制的《司法手册》，根据教学的需要编制的《法规选编》。

从以上分类可以看出，法规汇编的主体不仅有立法机关，而且还有其他社会团体，如学术研究机构、学校、企事业单位。它们可以根据工作、学习和教学科研的需要，组织精通法律的人员进行法规汇编。

3. 法典编纂

法典编纂，是在重新审查某一法律部门的全部现行法律规范的基础上，编制较为完善的具有内在和谐统一性的部门法典的活动。这种活动的目的在于使调整某类社会关系的法律规范成为一个系统的、相对独立的整体，消除现行法律中的矛盾和冲突的地方，保证某一法律部门的法律规范之间的一致性。法典编纂是立法系统化工作中

最高级的形式。它是一种系统的法的创制活动。作为国家一项重要的立法活动，它只能由特定的国家机关，依照法定的职权和程序进行，其他任何机关、组织和个人都无权进行这一活动。

法典编纂作为一种专门的立法系统化活动，需要较强的系统性和科学性。这种活动不仅仅局限于对现行法律规范的清理和整顿，还必须深入到法律规范所调整的对象中去。法典编纂活动形成的部门法典是规范性法律文件中最具系统性的一种形式。它具有特定的结构，如总则、分则、附则、罚则等。在总则部分，用抽象概括的方法表述该法律部门的任务和调整该类社会关系的原则，解释一些重要的概念，确定该法律部门在法律体系中相应的地位。分则部分，则具体叙述该法律部门的法律制度。这种经过专门排列、组合的规范性文件，可以保证对某类社会关系的一致性的调整。因而，法典编纂技术比较集中地体现一国立法技术的发展状况。

立法系统化的三种方式即法规清理、法规汇编和法典编纂三者之间，有着密切的联系，法规汇编虽是最低级的立法系统化方式，但可以成为法规清理和法典编纂的准备阶段。法规清理为法典编纂创造了条件，而作为立法系统化最高形式的法典编纂，则离不开法规清理和法规汇编这些环节。

第三章 创新视角的法律人文精神

任何一项事业的背后，必然存在着一种无形的精神力量。如果对人类的法治事业进行考察，不难发现其最重要的精神力量就是人文精神。法律的存在和演变是人的生存和发展所呈现的一种文化现象，法律是基于人的生存和发展需要而创造出来的规则体系，以人的社会生活为经纬，具有深厚的人文精神底蕴。本专题主要介绍法律人文精神的基本内涵、人性基础、基本形态以及功能作用等。

第一节 法律人文精神概述

法律人文精神是当今中国法学理论和法治实践中的重要课题之一，对这个问题的探讨有助于深化法理学研究，有利于全面推进依法治国。在当今时代，研究、传播、倡扬、践行法律人文精神具有重要意义。

一、人文精神

人文精神的英文为 humanism，来自拉丁文的 humanitas，我国学术界又将其译为"人文思想"、"人本主义"、"人文传统"、"人文主义"、"人道主义"等。人文精神为社会科学界所厚爱，法学家讨论它，哲学家研究它，社会学家和经济学家也涉及它。

（一）法律人文精神

法律人文精神是一个极具理论价值与实践意义的课题，因而受到中外学者的普遍关注。不过，一些学者使用的是"法律理念"、"法律价值"、"法律精神"等概念。

1. 法律人文精神的定义

考察人类法律思想史，可以发现，无论在古代或近代，对法律人文精神的论证和合乎逻辑的适用都曾是法学家的重要活动。然而，在人类法律思想史上对法律人文精神展开系统研究的典型代表是近代思想家孟德斯鸠，他用了二十年时间对法律精神进行研究，写成了《论法的精神》一书。在这一名著中，孟德斯鸠赋予法律精神以独特含义，即法律和各种事物关系的综合。

法律应该和国家的自然状态有关系；和寒、热、温的气候有关系；和土地的质量、形势与面积有关系；和农、猎、牧各种人民的生活方式有关系。法律应该和政制所能容忍的自由程度有关系；和居民的性癖、财富、人口、贸易、风俗、习惯相适应。最后，法律和法律之间也有关系，法律和它们的渊源，和立法者的目的，以及和作为法律建立的基础的事物的秩序也有关系这些关系综合起来就构成所谓"法的精神"。

总结先贤对法律人文精神的解读，我们归纳出它的一般意义。所谓法律的人文精神，是指对在一定社会历史条件下社会物质生活条件所决定的客观法权关系的本质的反映，主要由人权、正义、自由、平等、安全等方面构成。

2. 法律人文精神的特征

法律人文精神具有多方面特征，主要有以下三个方面。

（1）法律人文精神是人文精神在法律中的集中反映

人文精神是一种普遍的现象，它可以以思想理念的方式存在，也可以渗透到规章制度和实践行动中。当人文精神与法律结合、渗透到法律之中时，法律人文精神就应运而生。当然，法律人文精神不是人文精神在法律中的简单重复，而是人文精神在法律精神上的积淀和升华。

（2）法律人文精神是特殊性和普遍性的统一

每个民族和国家因不同的生存环境、生产方式和生活方式以及不同的社会体制及其观念文化系统而产生了各不相同甚至迥异的人文精神。但是，人作为人所具有的共同追求、人性中的共有成分使得各民族和国家的法律人文精神具有相通之处。例如，中国传统法律思想虽然认为法与刑同义，但又主张以仁德治国，"明德慎刑"、"省刑恤杀"的司法主张包含了反对重刑和酷刑、反对滥用刑法的人道精神。西方传统法律思想的核心是人文主义，这充分体现在关于法律的正义性、关于法律是实现个人权利的手段等思想上。在现代，各个民族和国家的相互交往使得其法律人文精神具有更多的共通性，大都将人文精神关于人的主体性、人的价值性、人的本性等抽象理念转化为自由、平等、安全、人权、正义、公平等为价值取向的具体规范。这样，现代法律人文精神具有层次性，如果说人的主体性、人的价值性、人的本性是法律人文精神的深层底蕴，那么自由、平等、安全、人权、正义、公平等则是法律人文精神的显层表现，或者说，自由、平等、安全、人权、正义、公平等是法律人文精神的具体表现形态。

3. 法律人文精神的人性基础

人性问题是法学的一个基础理论问题，不仅刑法有其人性基础，而且所有的法律都必须考虑人性问题，都是以人性论为其理论基础的。法律的人性基础使得法律具有人文精神的底蕴，人性对于法律人文精神的形成具有根本的意义。人性是法律的基础，是法律人文精神的根基。对法律人文精神人性基础的研讨，要求我们从人性问题谈起。

（1）人性及其善恶

人性问题是一个极具魅力的问题，自古以来，无数学者对这个问题进行过思考，提出了对人性的不同观点，对这些看法进行考察，有助于准确定义人性。

①关于人性的不同观点

归纳起来，对人性的理解主要有四种观点。一是认为人性就是人区别于动物的特性，是"人之所以异于禽兽"的本质属性，它是后天形成的。不少学者在此基础上进一步从人的实践性出发去理解人性，认为实践性是人性的主要内容，实践是历史的、变化的，因此人性也是历史的、变化的。二是认为人性主要是指自然属性，是人生而固有的，因而是不可改变的。三是认为人性即人的根本属性，是从根本上决定并解释着人类行为的、那些固定不变的蕴藏着人的个性和创造性的人类天性，既具有共同性，又充满独特性和差异性，是多样性与独特性的"共在"，是自然性与社会性的统一。四是认为人性是人的伦理行为事实如何之本性，就是一切人都具有的属性，是一切人的共性，分为两部分：一部分是更为一般的、低级的，是人与其他动物的共同性，是人所固有的动物性，如能够自由活动、同样有食欲和性欲等；另一部分则是比较特殊的、高级的，是使人与其他动物区别开来的而为人所特有的属性，是人的特性，如能够制造生产工具以及具有语言、理性和科学，等等。

②人性的概念

综合关于人性的各种观点，我们对人性做出如下界定：人性是人之所以为人的规定性，这种规定性不是单一的，它外在地表现为自然属性、社会属性和思维属性等方面的统一，内在地表现为需要、欲望、情感、意志、理性等相互连接的整体。人的需要是指人为维持自身生存和促进自身发展而占有对象、获取对象的倾向，它是人性内在因素中最基础的部分，并从根本上影响着人性的形成。当人意识到需要并追求需要的满足时，需要就转化为欲望和动机，成为想得到某种对象或者想达到某种目的的心理动力。人在进行各种活动的过程中所获得的切身体验构成人的情感，人的情感在人的动机转化为行为的过程中发挥重要作用。意志是人在把欲望转化为行动目的并追求行动目的实现的过程中所表现出来的调节自我、克服困难的心理因素，坚强的意志保证动机转化为行动；理性是人控制欲望、规范行为的重要机制，行为依从理性是人类行为的重要特征，当理性与天赋、习惯"不相和谐"时，人"宁可违背天赋和习惯，而依从理性，把理性作为行为准则"。

③人性的善与恶

尽管性善论和性恶论的主张由来已久并且各自都有充分的理由，但我们对这些观点不予苟同。人性善恶不是一个纯粹形而上的问题，仅靠抽象的理论演绎难以得出科学的结论。实践是检验真理的唯一标准，人性善恶的评价标准在于人性行为的社会效应，即基于人性的行为、由人性引导的行为是有利于还是有害于社会或他人。一般而言，当基于人性的行为实现了利己与利他的统一、至少是有利于自身生存与发展并且无害于社会和他人时，人性就是善的；当基于人性的行为虽然有利于自身生存与发展但有害于社会和他人，甚至损人不利己时，人性就是恶的。由此，人性之善和人性之恶都有两个方面的表现。人性之善的表现是：有利于自身生存、发展与完善的自爱、自尊、自重、自强、自信、自主、自由等；有利于社会和他人利益的协作、关心、友爱、诚信、恻隐、感恩、克己、尊人等。人性之恶的表现是：对自我利益、自身价值的漠视，如自暴、自弃、自卑、自毁等；欲望的恶性膨胀，包括物欲之恶、权欲之恶、情欲之恶、名欲之恶，即为满足强烈的物质欲望以各种不正当手段掠取公私财物、为满足强烈的权力欲望而不择手段谋取权位、为满足强烈的情感欲望而导致对他人情感或社会利益的损害、为满足强烈的名誉欲望而沽名钓誉或欺世盗名甚至诽谤他人名誉。

（2）人性将人类的规则导向法律

人性的内容和特征要求"采取科学的形式但尊重对人性的理解"，"把人性和行为看成不只是听凭其内部生理特性和外部环境摆布的东西"。正是这一要求将人类导向法律，这至少可以从以下两个方面得到说明。

一方面，人的社会属性和思维属性使人获得尊严，而人来源于动物界这一事实已经决定了人永远不能摆脱兽性，因此人的尊严常常与人的兽性发生冲突。维护人的尊严需要抑制人的兽性并努力实现社会价值，这有赖于法律发挥作用。

另一方面，人的需要具有多样性、发展性，一种需要满足后，新的需要就会产生，因而人的欲望是无止境的。然而，任何一个社会的资源都是有限的，不可能满足人的所有欲望。这一矛盾的根本解决之道在于对人的欲望进行调控。人的理性不仅使人认识到控制欲望的必要性，而且引导人找到了控制欲望的最佳方式，这就是法律。法律通过确认和保障公民权利而肯定人的正当需要、满足人的合理欲望，通过规定公民义务而否定人的不合理需要、防止人的欲望膨胀，通过构建权力运行的模式、原则和程序而防止执政者因热情和偏私所导致的偏向，通过规定制裁手段而预防和惩治损害国家的、社会的、集体的利益和其他公民的合法权利的行为。

法律人文精神是一个由多种形态所构成的有机系统，包括人权、自由、平等、公平、安全等。这些法律人文精神具有位阶性，具体而言，人权是法律的最高诉求，也是法律的最终诉求，因而成为法律人文精神的核心内容。法律人文精神的"突出体现是对人权的尊重，对人的人道主义关怀。人的尊严、自由和平等，社会的公平和正义，人类的生存和可持续发展，是衡量法的价值的主要的基准。总之，当代法的精神是'以人为本'、'人权至上'的人文精神"。自由、平等、公平、安全等是法律的基本价值，构成法律人文精神的基本内容。

4. 法律人文精神的冲突及其调适

一个法律事件可能包含多方面法律价值、具有多方面法律人文精神，不同法律人文精神之间可能会发生矛盾与冲突。事实上，法律人文精神不是单一的，而是由不同具体形态构成的有机体系，如前所述，包括自由、平等、安全、人权、正义等。由于各种各样的原因，这些法律人文精神之间可能有冲突。那么，当不同法律人文精神之间发生冲突时，该如何解决呢?

（1）法律人文精神冲突的表现

法律人文精神冲突有多方面的表现，举例如下。

①自由与平等之间的冲突

人们希望自由，是平等的自由；人们希望平等，是自由基础上的平等。作为人类社会正义的两大支柱，在社会实践中常常处于冲突的状态。例如，自主择业在赋予人们选择自由的同时，也导致身份歧视、性别歧视、地区歧视等。

②自由与安全之间的冲突

自由是以个体的物质与精神的相异性为基础并以个性的发挥为其实现途径的，这就存在着突破秩序的一致性、连续性与稳定性的特质，可能对安全带来危害。安全要求秩序，秩序的规定性则意味着对自由的特质与个性的某种规制，通过对自由一定程度的限制维持其与秩序之间的平衡。

③公平与效率之间的冲突

平均主义不利于发挥人的积极性、创造性，从而影响效率。让一部分人先富起来的政策和举措导致贫富悬殊，影响了社会公平。例如，在某些国家，政府为了促进平等的价值，改善弱势群体的待遇，往往需要向富人群体多征收税款，但却使企业用于生产和扩大再生产的资金减少，导致国民经济发展缓慢，损害法律的效率价值。

（2）法律人文精神冲突的原因

法律人文精神发生冲突的原因，主要有以下方面。

①法律人文精神冲突的逻辑原因

法律人文精神是多元的，每一种法律人文精神具有自身的独特的规定性，一种法律人文精神的规定性与另一种法律人文精神的规定性在逻辑上可能存在冲突的因素，甚至难以兼容。

②法律人文精神冲突的主体原因

由于不同主体具有不同的利益诉求和价值观念，因而不同主体对法律人文精神的诉求不尽相同。例如，有的侧重自由，有人侧重安全，两者之间势必发生冲突。

③法律人文精神冲突的文化原因

一个国家的历史、文化、道德、风俗习惯、宗教都可能对法律人文精神冲突产生很大的影响。例如，西方发达国家将自由权作为最基本人权，当今中国则将生存权和发展权作为最基本人权。

（3）法律人文精神冲突的调适

调适法律人文精神之间的冲突，必须坚持以下五项原则。

①社会原则

法律人文精神冲突具有社会性，对冲突的整合应诉诸具体的社会实践，通过具体的立法、执法和司法等活动加以解决。

②动态原则

法律人文精神冲突具有动态性，对冲突的整合应反映时代的变化和主体需要的变化。

③优位原则

法律人文精神具有位阶性，在不同位阶的法律人文精神发生冲突时，按照位阶顺序予以确定何者应优先保护。一般而言，安全优先于自由，公平优先于效率，生命权优先于财产权。例如，紧急避险制度的设计，就是对生命权优先于财产权的优位原则的遵循。

④比例原则

即两善相权取其重，意指为保护某种较为优越的法律人文精神必须侵犯另外一种法律人文精神时，不得逾越此目的所必要的程度。例如，为维护公共秩序，必要时可能会实行交通管制，但应尽可能实现"最小损害"或"最少限制"，以保障社会上人们的行车自由。这就是说，即使某种法律人文精神的实现必然会以其他价值的损害为代价，也应当使这一侵害降低到最小限度。

⑤法益兼顾结合

在特定情况下，为了更大的法律利益，克减甚至牺牲某些法律人文精神是必要的，但应对被克减甚至牺牲的法律人文精神进行补偿。例如，对传染病人以及疑似患者进行隔离（限制其自由）是必要的，但是应该进行补偿。

正当防卫是指为了使国家、公共利益、本人或者他人的人身、财产和其他权利免受正在进行的不法侵害，而采取的制止不法侵害的行为，正当防卫行为不负刑事责任。正当防卫的制度化，可以保障社会利益和其他合法权益免受不法侵害，有利于鼓励公民同正在进行的不法侵害做斗争。

5. 法律人文精神的价值功能

人类选择了法律，便崇尚法律，赋予了法律许多美好的话语，古希腊的先贤就曾认为"法律是人和神的共同的正义事业"。从古希腊先贤的思想中汲取营养的自然法学派，更是慷慨地把自己诸多的美好追求赋予了法律。但是，在历史上也有过缺失法律人文精神的恶法，这些恶法给人带来了深重的灾难。

（1）法律人文精神是法律进步和完善的价值指南

法律有良恶之分，是否具有人文精神是区分法律良恶的核心标准。缺乏法律人文精神的法律是恶的法律，这样的法律是专制权力和非人因素压迫和奴役人的工具。富有法律人文精神的法律才是良好的法律项它以人为终极价值、能够促进人的完善、实现人与人以及人与自然的共生共荣。

法律人文精神不仅是良法的价值标准，而且是推动法律进步的重要动力。法律进步的动力是由多方面构成的系统，包括社会基本矛盾的运动、人类对法律认识水平的提高、立法技术的成熟、法律人文精神的形成等。法律人文精神是法律进步的思想基础，是法律进步的精神力量。例如，作为现代法治基本原则的正当程序原则，就是在正义这一法律人文精神的引导下逐步发展和完善起来的，它起源于英国的"自然正义"，最初具体化为公平听证和避免偏私两项规则要求，后来发展为程序的中立、理性、排他、可操作、平等参与、自治、及时终结和公开等多方面。这一原则在美国得到发扬光大，现在已经传播于全球，成为所有法治国家共同坚持的法治原则。又如，古代中国虽然有着丰富的人本思想，但这些思想没有衍生出法律人文精神，它们导向的恰恰是王权主义和使人不成其为人。法律人文精神的缺失使得泛刑主义、专制主义盛行，进而导致古代中国的法律以刑为主、诸法合体、严刑峻法。清朝末期，一些进步的思想家在对西方法律人文精神的传播中开始形成关于民主、宪法、共和、议会的理性认识，为动摇传统法律制度做了思想上的准备。正是受了西方法律人文精神的影响，孙中山提出"五权宪法"。新中国成立以来，特别是1978年我国实行改革开放以后，法律人文精神在中外法律文化交流中不断发展和完善，因而我国社会主义法律也不断发展，不仅将"国家尊重和保障人权"写进了宪法（2004年宪法修正案），而且形成了较为完善的保护公民权利的法律规范。

（2）法律人文精神是人性化执法的思想基础

所谓人性化执法，是指在行政执法过程中执法者遵守法律规定，在尊重当事人合法权利的前提下，依据正当程序进行非歧视的、理性化的行政执法活动，集中表现为人文关怀，表现为理解、宽容、尊重、关爱，它绝不是把人从有理性的动物变成畜生或傀儡，而是使人有保障地发展他们的心身，没有拘束地运用他们的理智；既不表示憎恨、愤怒或欺骗，也不用嫉妒、不公正的眼光加以监督。人性化执法所制裁、打击的是违反法律规定的行为，对当事人依法享有的权利、对当事人作为"人"的基本需要和利益予以尊重、保护，它将法律的教育功能与惩罚功能结合起来，最大限度地追求执法公正与执法效果的统一。人性化执法与法律人文精神相辅相成，法律人文精神是人性化执法的思想基础，人性化执法是贯彻落实法律人文精神的重要途径。

法律赋予行政机关一定的自由裁量权，但自由裁量权的行使必须符合法律赋权的真实目的与意思。但是，在现实中，有些行政机关的执法背离法律赋予自由裁量权的目的。例如，市政府可以为改善交通状况强制征购土地，但不得以取得土地增值为目的的强制征购土地，因为后者不是法律授予征购土地裁量权的目的。自由裁量权的行使不仅要符合法定的目的，还必须具有正当的动机，在做出决定或裁决时必须符合法律的要求和法律的精神。然而，在现实中，背离法定目的、基于不正当动机、考虑不相关意思、有悖逻辑和常情、专断和粗暴等导致的不公正现象屡见不鲜。我国是人民民主专政的社会主义国家，中华人民共和国的一切权力属于人民，人民行使权力的机关是人民代表大会，行政机关由人民代表大会产生，对它负责、受它监督。可见，在我国，执法机关是人民的执法机关，执法人员是人民的"公仆由此出发，执法必须以民为根、以民为本、以人民利益为依归，其宗旨要为民，其理念要安民，其作风要亲民。然而，执法又以国家暴力机器为后盾，如果失去人性化内涵，它就可能陷入任性与专断，甚至将以其赤裸裸的国家强制成为暴政的象征，成为侵害人民利益的异己力量。人性化执法将法律人文精神具体化为"知民情、察民意、体民忧、护民安、保民利"，从而实现执法为民。

（3）法律人文精神是司法公正的思想保障

现代法治国家都将司法公正作为法治建设的重中之重。随着我国法治建设的推进，司法公正的程度不断提高，但毋庸讳言，目前司法不公正现象依然存在。例如，片面适用法律条款，机械地套用法律条文，法律没有规定而做出违反立法精神的处理结果；对案件把握不到位、定性不准，对合法与违法、罪与非罪区分不清，使无辜人受到法律制裁、造成冤假错案；等等。导致司法不公正的原因是多方面的，如司法体制、社会环境、文化背景等，但就文化背景而言，法律人文精神的缺乏是最根本的原因。

4. 法律人文精神是民众守法的精神力量

法律以约束和规范人们的行为为目标，它以国家强制力为后盾，不管人们喜欢不喜欢、愿意不愿意，都必须在法律范围内活动。然而，法律的施行不仅要以国家强制力为保障，也要依靠人们自觉服从。法律要获得人们的自觉服从，离不开法律人文精神。衡量一个人的法律素质，并不仅仅在于能够记住甚至背诵多少法律条文，而在于他能否掌握法律条文之中所蕴涵和沉淀的法律人文精神。

法律人文精神通过个人信念和社会舆论保证法律的施行，法律人文精神的普及可以减少违法犯罪。违法犯罪的人，有的固然是不知法、不懂法，但更多的是法律人文精神缺失、道德沦丧。法律人文精神有助于人们培养秩序、平等、公平、自由、人权等观念，使人们能够按照"己所不欲，勿施于人"、"己之所欲，亦惠于人"、"己欲立而立人，己欲达而达人"的要求处理人际关系，从而实现人际良性互动和社会有序运行。

第二节　法律与人权

人道主义基于人性构建起一套完整的道德系统，认为人是平等、自主的，人人都有权利得到社会平等的关心和尊重。随着老人数量的迅速增加，保护老人合法权益的问题也受到了国际社会的普遍关注。

人权是人性的根本诉求，是法律人文精神的集中体现。尊重和保障人权是法律的终极价值，法律对人的行为的规范、对社会秩序的构建、对社会发展的促进、对社会公平的维护，最终目的在于保障和实现人权。

一、人权思想发展概览

在历史上，人权首先作为一种思想理念而存在。人权理念的产生具有重大意义，它唤起了资产阶级推翻"不知人权、蔑视人权"的专制政权的革命热情，引导资产阶级在革命胜利后将这一理念宪法化、构建并不断完善人权保障制度，促进宪政的兴起和发展。今天，人权已经成为一种被普遍接受的理念，为国际社会所追求，为各国政府所重视。

（一）西方人权思想概览

人权理念萌发于古希腊时期，在古希腊时期的政治法律和伦理思想中孕育着人权理念的胚胎。芝诺创立的斯多葛派突破了城邦主义的狭域，相信幸福来源于生命的尊严，倡导平等主义，建立了世界一体论的思想理念。他们认为人人都具有理性，所以人类应当不分种族、身份、财产等一律平等。在古罗马的共和制后期，商业资本就已经发展到了古代世界前所未有的高度，等价交换的价值规律要求所有人至少成为在形式上是独立的平等的个体。这样，人的主体性在客观经济关系的推动下必然要求在意识形态包括法学上予以彰显，个人主体资格在法学领域的反映催生了权利概念。罗马人在公元 212 年慷慨地赋予了帝国行省的居民以公民权，从而有力地推动了商品社会的发展，罗马的个人权利体系也得以不断发展，并在欧洲文艺复兴时期被启蒙思想家加以借鉴吸收和利用，改造成为近代人权理念。虽然权利概念在古希腊罗马时期就已经被使用，但是这时候的权利还不能称为"人权"。因为这时候缺乏完整的"人"的观念，专制等级制度把奴隶当作会说话的工具，被排除在"人"的范围之外。

人权作为一种理念是从欧洲文艺复兴运动开始的。在中世纪末期，随着资本主义生产方式的发展，资产阶级自由、平等、人权的要求日益强烈，一场思想解放运动成为必要和必然。

人权作为明确的概念一经提出，就受到进步思想家的欢迎。例如，洛克第一次对资产阶级人权理论进行系统论述，提出了以下观点：人权是天赋的，与生俱来的；人权的基点是个人，个人人权高于一切；人权是超阶级的，人人皆有；人权的主要内容是平等权、生命权、健康权、自由权和财产权；政府依社会契约而成立，以保护人民的自然权利为目的；如果国家权力被滥用，人民可以收回国家最高权力。

尽管"天赋人权"因其唯心性、形而上学性、过分强调个人权利等原因而受到后人的批评，但是不可否认，它对人类文明产生了重大影响。马克思曾经以非常赞赏的口吻说，在"人权理论"指导下所取得的资产阶级革命的胜利，"宣告了欧洲新社会的政治制度……不仅反映了发生革命的地区即英法两国的要求，而且在更大的程度上反映了当时整个世界的要求"；恩格斯则表示："从今以后，迷信、非正义、特权和压迫，必将为永恒的真理，为永恒的正义，为基于自然的平等和不可剥夺的人权所取代"。

正是在人权旗帜的指引下，资产阶级发动了推翻"不知人权、蔑视人权"的封建专制政权的革命，将大批农民从封建的人身依附关系中解放出来，使之获得形式上的自由与平等，从而实现"从身份到契约"的转变。不仅如此，资产阶级还在革命胜利后建立并不断完善宪法、不断发展法治，以保障人权。人权理念作为一种进步的政治思想，对保障人权只能起到启迪、宣传、号召、指导作用。人权具有脆弱性，需要法律加以保障。首先，法律使人权从"应有权利"上升为法律权利，人权因而具有不可侵犯性。一方面，法律将人权的内容具体化，从而使人权具有可操作性；另一方面，法律对受侵害的人权进行救济，对侵犯人权的行为予以制裁。其次，人权只有得到法律的确认和保障，才能有明确的实现程序和方法。最后，人权的实现要求建立保障人权的机制，这些机制有赖于法律构建。

以及财产不受侵犯的权利等基本人权做出规定，而且采用概括的方式规定：宪法未列举而由人民所保留的其他权利，不得否定或轻视。

（二）中国人权思想概览

人权既是一个国内法问题，也是一个国际法问题。人权的国际保护是必要的，对于涉嫌和一贯侵犯人权的国家，联合国的机构可以采取非武力行动、进行调查研究、提交报告、进行辩论、通过决议做出谴责、提出要求，甚至实行军火禁运、经济制裁等措施。

但是，人权的国际保护不等于人权外交，人权外交的正当性是值得怀疑的，理由有三：第一，人权外交的"保证人权"具有虚伪性；第二，把自己的人权观念强加给他国是强权政治的表现；第三，人权外交不可能使他国人权真正得到保障。

在人权与国际政治关系问题上，有两方面必须注意。一方面，要反对人权外交，抵制"人权无国界论"，维护《联合国宪章》的宗旨，维护国家主权，坚持不干涉他国内政原则。另一方面，应实行人权的国际保护，对于危害人类和严重侵犯基本人权与自由，已构成国际犯罪的行为，国际社会应进行干预。对于人权国际公约缔约国来说，也应按其所缔结的人权公约的规定，履行保护人权的国际义务。

二、人权的界定

综合中外学者的观点，我们对人权做出如下界定：人权是处于一定社会历史条件下的人为维持生存和发展而应当享有的权利，这些权利不可剥夺、不可转让。对这一概念的理解，需要把握以下方面。

（一）人权的主体

人权是属人的或关于人的权利，人是人权的主体，是人权的具体享有者和行使者。这里的人是处于一定社会历史条件下的人，是具体的、现实的人。在人权主体问题上，历来存在着争论，西方一些学者抽象地理解人，认为人人生而平等，主张"天赋人权"，他们以个人主义为思想基础，强调个人人权，否认集体权利属于人权。马克思主义反对抽象地理解人权主体，认为人是社会的人，人的本质不是单个人所固有的抽象物，而是一切社会关系的总和。个人离不开社会、离不开集体，人权包括个人人权和集体人权。从各国人权立法来看，人权主体已从个体主体扩大到集体主体。

（二）人权的客体

人权是人的权利，包括对物、行为、精神产品、信息等享有的权利，权利是人权的客体。权利一词的含义十分丰富，不同场合有不同解释，不同人有不同解释，即使同一个人在不同时期也有不同看法。如把权利释义分为资格说、主张说、自由说、利益说、法力说、可能说、规范说、选择说等八种。一般认为，权利是人们做什么或不做什么、要求他人做什么或不做什么的资格。

（三）人权的构成要素

人权由利益、主张或要求、资格、权能、自由等要素构成。

1. 利益

利益既可能是个人的，也可能是社会的；既可能是物质的，也可能是精神的；既可能是人权主体自己的，也可能是与人权主体有关的他人的。利益对人权来说是十分重要的，一项人权之所以成立，是由于它包含了某种利益。不过，利益只能用来说明权利的本质的一个方面，而不是全部，单纯的利益或对利益的需要本身并不能成为权利。

2. 主张或要求

一种利益若无人提出对它的主张或要求，就不可能成为权利。一种利益之所以要由利益主体通过表达意思或其他行为来主张，是因为它可能受到侵害或随时处于侵害的威胁之中。

3. 资格

提出利益主张要有一定的凭据，就是说，要有资格提出要求。

4. 权能

权能具有两层意义，第一层意义是人权受到保护，侵犯人权会导致一定的消极后果，如受到道德谴责或受到法律制裁；第二层意义是人权的享有和行使具有可能性，权利主体应该具有享有和实现其利益、主张或资格的能力。

5. 自由

权利主体可以按照个人意志去行使或放弃该项权利，不受外来的干预或威胁。如果某人被强迫去主张或放弃某项利益、要求，那么这种主张或放弃本身就不是权利，而是义务。

（四）人权的表现形态

人权有不同的表现形态。人权最基本的形态是应有权利（道德权利、伦理权利），即人作为人应该享有的权利，人如果失去这些权利就意味着失去做人的资格。当人的应有权利法律化之后，人权就表现为法律权利。如果说应有权利处于随时随地可能被侵犯的状态，那么法律权利则通过法律获得保障。人的应有权利只有通过法律确认转化为法律权利之后才有实现的可能，没有法律的确认，人权就没有保障。当然，法律权利并不意味着人权在现实中的实现。人权在现实中实现的形态表现为实在权利，这是法律权利被人们实际享有的状态，是人权的现实状态。

（五）人权的核心内容

人权具有多方面内容，其核心内容是基本人权。基本人权是人所固有的、不可剥夺的、不可转让的那部分权利，具有以下特征：一是固有性，它是人所固有的、不可缺少的一种权利，人如果离开这些权利，人就不成其为人；二是排他性，它是人固有的那些不可取代、不可转让的权利；三是母体性，它具有派生其他权利的功能。中外学者一般都承认基本人权，但在何为基本人权问题上存在分歧。在西方国家，一般把财产权视为人权的核心；在我国，一般认为生存权和发展权是最基本人权。

（六）人权的普遍性与特殊性

人权是普遍性和特殊性的统一。人权的普遍性是指所有国家和人民都应当努力实现人权的共同标准，它基于人类的共同属性即自然属性而不是基于不同国家民族的特殊性，是基于人类生存和发展的共同利益和需要而不是各国不同的利益和需要。人权的普遍性，一是指人权主体的普遍性，即一切人，至少是一个国家的一切公民或一个社会的一切成员，不分种族、肤色、性别、语言、政见、国籍、社会出身、财产状况、文化水平等，都应当享有权利；二是指人权原则和人权内容的普遍性，即基本人权作为人之为人的权利，包括人的生存、活动、人格、尊严等方面的权利，是人类共同的、普遍的追求和理想。人权的特殊性是指人权的社会性和阶级性、人权价值的位阶性以及人权实现方式的差异性。不同社会、不同阶级、不同历史时期有不同的人权，在人权价值的排序和实现人权方式方面表现出不同的特征。人权的普遍性和人权的特殊性之间是一种辩证统一的关系，二者既相互区别，又相互联系、相互促进。因此，在实践中，各国政府和人民在承认人权普遍性的前提下，有权在促进和保障人权的过程中确立本国优先事项和实现方式。不考虑一个国家的特殊国情、抽象强调人权的普遍性，势必妨害人权的实现。

（七）人权的相对性

人权不是绝对的，它受到一定条件的限制。法律对人权的确认不仅使人权获得法律保障，也意味着人权受到一定的限制，只有在遵守宪法和法律的前提下，人权才能实现。人权不是绝对的，这不仅是中外思想家的观点，也是近代国家政治纲领和宪法的规定。因此，个人的自然权利的行使，只以保证社会上其他成员享有同样权利为限制。此等限制仅由法律规定之。权利与义务是统一的，没有无权利的义务，也不存在无义务的权利，宪法在确认基本权利的同时，又总是规定相应的基本义务。此外，人权归根到底受到社会经济发展程度的制约，马克思曾指出：权利永远不能超出社会的经济结构以及由经济结构所制约的社会文化发展。

(八) 人权的价值功能

从近代开始，人权不仅获得法律思想家的赞扬和歌颂，而且受到政治实践家的青睐和推崇。在现代，保障人权成为最流行的政治术语，成为各国政治建设的根本目的。当今时代是人权旗帜高扬的时代，人权具有重要的价值功能。

第一，人权是专制政治与民主政治的分水岭，是衡量一种政治是野蛮还是文明的标准。"轻视人，蔑视人，使人不成其为人"，否定和践踏人权，是专制暴政的表现。反之，重视人，尊重人，肯定和保护人权，则是民主文明的象征。

第二，在文明国家，人权为国家权力的源泉，人权是国家权力设定的目的，是国家权力的来源，是国家权力运作的边界。

第三，人权是法治的终极价值，是法治的基础和归宿。离开人权内容，即使有法律制度，不会有法治，而只能是借助法律制度的人治。离开人权内容的法律，不是良好的法律，其实施并不必然保障人权，相反还可能造成对人权的侵犯，这已经被人类历史所证明。以人权为原则、以人权保障为目的而制定的法律，才是文明的、良好的法律。

第四，人权是消除暴力、建立秩序的良方。只有通过人权保障，社会秩序才有保证，国家才能长治久安。一方面，人权意味着对人的尊重，暴力与之不相融；另一方面，人权要求平等待人，"一切人，或至少是一个国家的一切公民，或一个社会的一切成员，都应当有平等的政治地位和社会地位"②，建立在平等的人际关系上的社会秩序必然和谐稳定。

三、人权是法律人文精神的核心

人权是一种独具特质的人文精神现象，这种特质根植于人权的两重属性。一方面，人权具有道德属性。人权是"做人的那些必须条件，是衣、食、住的权利，是身体安全的保障；是个人'成我至善之我'，享受个人生命上的幸福，因而达到人群完成人群可能的至善，达到最大多数人享受最大幸福的目的上的必需的条件"。另一方面，人权具有法律属性。离开人权内容的法律，不是良好的法律，其实施并不必然保障人权，相反还可能造成对人权的侵犯，这已经被人类历史所证明。人权是法律的终极价值，是法律的基础和归宿。

人权精神是法治的灵魂依托，法治是人权精神的物化表现。人权精神对法治社会的意义可从以下几个方面予以说明：第一，人权精神是法治社会胚胎形成的最初基因。在一个人权精神未获必要启蒙的社会里便不可能有法治的滥觞。第二，人权精神是法治社会的构成性要素。在一个人权精神未获充分成长的社会里，法治极有可能变质为专制。第三，人权精神是法治社会信仰的基础。以规则理性为信仰对象是法治社会区别于其他非法治社会的标志性特征。但是对规则理性的信仰仅仅是法治社会信仰的外显部分，这一外显部分并不是法律信仰的真正力量源泉。

人权由一般道德诉求转化为法律人文精神，关键在于人权入宪。人权入宪使得一个国家的经济、文化等方面的制度构建以保障和实现人权为出发点和归宿，从而使得整个社会存在着对人的自然本质人性一的普遍尊重，并由这种人的自然本质决定人的起始性的社会地位和人与人之间的法律关系。

人权不仅是现代法律人文精神的内容，而且是现代法律人文精神的核心。法律人文精神具有多方面的内容，如正义、自由、平等、秩序、民主等。在这些法律人文精神中，人权具有根本性。"正义只有通过良好的法律才能实现"，古老的法学格言表明法律与正义的密切关系。但是，正义体现在法律中是将人权具体化为公民权利并对公民权利与义务进行合理分配。自由和平等是法律人文精神的基本内容，也是人权的基本内容，这一点从人权理论和人权法律规定中可以得到说明。法律秩序蕴含人文精神，然而，法律建立和维护社会生活的正常秩序、建立和维护民主政治的运行秩序、建立和维护市场经济的运行秩序，归根到底是为人权实现创造社会、经济和政治条件。民主是法律的前提和基础，然而民主本身是一种政治权利，同时民主是实现其他人权的条件，民主是社会主义制度下劳动者最大的权利，最根本的权利。没有这个权利，劳动者的工作权、受教育权、休息权等权利，就没有保证。

赋予法律以人权精神，将人权作为法律的终极价值，将法律作为保障人权的根本手段，已经成为当代国际社会的普遍做法。中国的法治建设起步较晚，但中国的法治建设秉承了这一普遍做法。不仅将人权作为立法的基本原则，以保护公民权利为法律的首要内容，而且将人权作为立法的基本原则，提倡人性化执法、文明执法；将人权作为司法的基本原则，救济权利成为司法的根本目的，司法成为人权保障的最后的、关键性的环节。就我国人权立法而言，有三个基本特点：一是广泛性，人权的主体是广泛的，包括全体公民；人权的内容是广泛的，包括人权权利、政治、经济、文化和社会生活等方面的权利；二是公平性，权利与义务不仅对应而且平等，每个公民平等地享有宪法和法律规定的权利，同时履行宪法和法律规定的义务；三是真实性，我国已经初步建立起一个较为完整的人权保障体系，人权不仅有法律保障和制度保障，而且有物质保障和社会保障。

第三节　法律与自由

一、自由的含义

自由是一个笼统含糊、歧义丛生的概念，人们对它的内涵各持己见："有些人认为，能够轻易地废黜他们曾赋予专制权力的人，就是自由；另一些人认为，选举他们应该服从的人的权利就是自由；另外一些人，把自由当作是携带武器和实施暴力的权利；还有些人把自由当作是受一个本民族的人统治的特权，或是按照自己的法律受统治的特权。某一民族在很长时期内把留长胡子的习惯当作自由。又有一些人把自由这个名词和某一种政体联系在一起，而排除其他政体。欣赏共和政体的人说共和政体有自由。喜欢君主政体的人说君主政体有自由。结局每个人把符合自己习惯或爱好的政体叫作自由……

对于自由，从不同角度可以做出不同的界定。在原生意义上，自由是指原始初民处于自然状态下的那种不受约束地生活的状态，是一种不受限制、随心所欲、我行我素的状态。在哲学意义上，自由是对必然性的认识和把握。在道德意义上，自由是自觉与自愿的统一。在美学意义上，自由是对美的追求和享受。在法律意义上，自由是个人免受国家、社会和他人干涉、强制的权利，是个人能够自主选择和主张的权利。

作为法律人文精神的自由，是法律意义上的自由。这个意义上的自由有思想自由和行动自由之分，也有积极自由和消极自由之别：思想自由包括信仰自由、言论自由、新闻自由等；行动自由包括迁徙自由、游行示威自由、订立契约自由等；积极自由是指从事某种活动（包括思想活动和实践活动）的自由，即自己做出决定并加以实施的自由；消极自由是指免于外界干涉的自由，即不受他人、国家和社会限制的自由。

二、自由的人文意蕴

尽管人们对自由有着不同的理解，但大都认为它具有人文内涵。人之所以成为人，一个重要原因就是他具有自由的基本属性。历史上绝大多数理智健全且思想不偏激的思想家对此都不存怀疑。即使像康德那样的有着明显的不可知论倾向的思想家，都深信人的自由的存在；即使像奥古斯丁那样极端的神学论者也谨慎地为人的自由留下地盘。自由对于人的意义至少可从三个方面进行说明。

（一）自由是人的固有属性

人不仅是一个具有生物属性的生命体，而且是一个具有思维属性和社会属性的生命体。人的属性、人的本质决定了人本自由，决定了自由是人的固有属性。

（二）自由是人之所以为人的重要条件

自由是人之所以为人的重要条件，这是从自由是人的固有属性这一命题中推演出的必然结论。从现实看，没有一个人反对自由，如果有的话，最多也只是反对别人的自由。可见，各种自由向来就是存在的，不过有时表现为特殊的权利，有时表现为普遍的权利而已。

（三）自由是人的幸福的重要因素

人的幸福与物质需要的满足密切相关，也与人的自由的享有息息相关。在特定条件下，自由对幸福起决定作用。这一点可以从诸多名人名言中得到印证。例如，德谟克利特说：在一种民主制度中受贫穷，也比在专制制度统治下享受所谓幸福好，正如自由比奴役好一样。

三、自由是一种法律人文精神

自由是人的属性，是人的主体性的表现。没有自由，人就不是主体；如果人在与自然的关系上没有自由，就只能像其他动物一样消极地适应自然，受自然的奴役；如果人在社会中没有自由，就意味着受到统治者的奴役。从人类历史看，奴隶之所以成为奴隶，最根本的原因就在于没有自由。被非法剥夺的人为自由而抗争的行为受到法律的肯定，法律蕴含自由精神。

在这里，从三个方面对自由作为法律人文精神进行阐释。

（一）人的自由是法律存在的理由

在应然上，自由为人所固有；在实然上，自由常常受侵害。人是生而自由的，但却无往不在枷锁之中，卢梭的这句名言揭示了自由的理想与现实之间的矛盾。人具有社会性，这种社会性是合群性与自主性的统一。合群性是人与人相互交往、团结协作、和睦相处的基础，自由在此意味着人们能够互相尊重。自主性表明人与人之间的差异，它决定了人们之间的不同价值追求，自由在此表现为个人奋斗和自我实现。很显然，这种自由如果处理不当，就会造成社会秩序的紊乱，最终使所有人都失去自由。因此，基于自主性的自由是必要的，但必须受到一定的限制。这就需要法律的介入。法律以权利和义务的方式公平地分配社会资源以及社会合作的利益与负担，为基于自主性的自由确立范围和尺度，在这一范围和尺度之内，每个人平等地享有自由。

（二）人的自由是法律的内在精神

法律是肯定的、明确的、普遍的规范，在这些规范中自由获得了一种与个人无关的、理论的、不取决于个别人的任性的存在，在这些规范中自由的存在具有普遍的、理论的、不取决于个别人的任性的性质。法典就是人民自由的圣经。人的自由是法律的内在精神，法律是人的自由的制度保障。

一方面，法律将对公民所享有的自由做出规定，从而使人的自由成为法律的重要内容。目前，各国宪法和法律所规定的自由一般包括以下方面：①政治自由，如集会、结社、游行、示威的自由；②经济自由，如契约自由、买卖自由；③思想自由，如言论和出版的自由、宗教信仰自由、进行科学研究和文学艺术以及其他文化活动的自由；④人身自由，如迁徙自由、居住自由。

另一方面，法律构建保障自由的制度，从而使人的自由得到国家强制力的保障。法律对人的自由做出规定仅仅是完成了从应然到实然的转化的第一步，为人的自由的实现提供了一种可能性，但这显然是不够的，法律自由还必须转化成为现实自由。要实现这一转化，没有制度保障是难以完成的。因此，各国宪法和法律在规定人的自由的同时，也构建了保障自由的制度，这些制度包括民主制度、分权制度、合同制度、程序制度、侵权责任制度等。

(三) 每个人平等地享有自由是法律的真谛

人是社会的人，所以任何人都不能随心所欲、任意妄为，否则会侵害他人自由并最终使自己失去自由。所以，自由必须受到法律的限制。但是，法律限制自由不是目的，而是为了保障每个人能够平等地享有自由。一般说来，当自由的行使存在以下情况时，法律予以限制：一是明显有害于他人利益和公共利益；二是明显有害于行为人自己并最终有害于他人和社会；三是潜在地有害于他人和社会。总之，自由不是绝对的，必须受到一定的限制，但限制自由的目的是为了也仅仅是为了协调其他的社会利益和个人利益，因而法律的一个基本原则应该是尽可能地保护自由，而把限制缩小到严格必要的程度。为了防止限制的滥用，必须使任何限制性规定尽可能的清晰、明确，并且可控。

只要公民没有采用捏造或者歪曲事实的手段对国家工作人员进行诬告陷害，其对国家机关和国家工作人员的任何批评都是合法正当的，也是不受法律追究的，即使其语言风格有些辛辣和刺耳。言论自由是我国宪法赋予公民的一项最基本的政治权利和自由，对公民言论自由的保障程度也往往标识着一个社会民主和法治程度的高低。只有正确理解和适用法律的自由精神，才能建设出真正的民主法治、公平正义的和谐社会。

第四节 法律与平等

平等与自由是相辅相成的，没有平等的自由，社会就会因为少数人的特权而走向自由的反面，最终扼杀自由；而没有自由的平等，更是毫无意义的。因此，人们所追求的是，一方面，每个人都应享有均等的自由，另一方面，这些自由应尽可能地广泛。人类对自由的追求与对平等的追求总是联系在一起，社会的经济进步一旦把摆脱封建桎梏和通过消除封建不平等来确立权利平等的要求提上日程，这种要求就必定迅速地扩大其范围。……这种要求就很自然地获得了普遍的、超出个别国家范围的性质，而自由和平等也很自然地被宣布为人权。因此，在法律将自由作为其基本精神的同时，也将平等纳入其中。与自由一样，平等也是法律人文精神的基本形态。

一、平等及其观念演进

世界上找不到完全相同的两片树叶，也没有完全相同的两个人。在生活中，我们见到各种各样的人，这些人不管是相貌还是心理都具有差异性，在人种、肤色、健康、智商、感情、性格、社会地位、教育程度等有着不同之处。人与人是不一样的，如何形成人与人之间的平等呢？这就涉及对平等的理解和界定。

在法学教材中，公平、正义、平等都曾作为基本法律价值被阐述。公平、正义和平等之间存在一定区别：平等是指人们的地位、权利和福利的相同，公平是对利益分配合理性的认定，正义则除了包括其他东西以外，还包括防止不合理的歧视待遇、禁止侵损他人、承认基本人权、提供职业上自我实现的机会、设定义务以确保普遍安全和有效履行必要的政府职责、确立一个公正的奖惩制度等。然而，它们之间有着明显的一致性，公平以平等为基础和内容，如人们政治法律和社会方面的平等、机会的均等、收入差距不过大等往往被当作公平的表现；正义总是意味着某种平等，按照佩雷尔曼的说法，就是对于从某一特殊观点看来是平等的人，即属于同一'主要范畴'的人，应加以同样对待。

平等本身是一个具有多种不同含义的概念。首先，它所指的对象可以是政治参与权利、收入分配制度，也可以是不同社会主体的社会地位与法律地位。其次，它的范围既涉及法律待遇的平等、机会的平等，也涉及人类基本需要的平等。最后，它可能关注保护诺成合同的义务与对应义务间的平等、关注在损害行为进行赔偿时做出恰当补偿或恢复原状，也可能关注在执行刑法时维持罪行与刑罚间的某种程度的均衡。③在最一般意义上，平等意味着无差别，它反对等级、特权、歧视、压迫和奴役，要求同样的人同样对待、同样的事情同样处理，它强调标准或尺度的同一性。不同社会有不同的标准或尺度，因而平等随着社会发展而呈现不同的内容。现代意义的平等是权利平等、机会均等、规则公平、按贡献分配、基本需要的社会保障等方面的统一体，其核心是权利平等，包括政治权利、经济权利、文化权利、社会权利、人格权利等方面的平等。

与自由一样，平等也是人类孜孜以求的目标。原始社会实行生产资料公有制，人们共同劳动、平均分配。这种平等不是原始初民的自觉构建，仅仅是他们对极其低下的生产力水平做出的本能反应。奴隶社会的产生开启将人分为统治者和被统治者并且两者之间存在严重不平等的社会历程。柏拉图曾想象人类是一种伟大的自然物，决定他们等级的主要因素是他们的智慧程度，他将理想国中的人分为三等：一等人由金子铸成，具有智慧的美德，适合做统治者；二等人是由银子铸成的，具有勇敢的美德，适合做军人；三等人是由铜或铁铸成的，具有节制的美德，适合做手工业者。

二、平等的人文意蕴

平等是一种人文精神，具有深厚的人文意蕴。

（一） 对平等的追求根植于人性之中

平等与自由一样具有人性的基础。如果说自由感迫使人类去从事那些旨在发展其能力和促进其个人幸福的有目的的活动，那么对平等的要求则迫使人类同那些根据合理的、公认的标准必须被认为是平等的待遇但却因法律或管理措施所导致的不平等待遇进行斗争。它还促使人类去反对在财富或获取资源的渠道方面的不平等现象，这些现象当然是那些被认为是专断的和不合理的现象。

（二） 平等表明人的类本性、人的类本质的同一

所有人都具有人的类本性、类本质，也就是说，所有人都具有同样的本性、同样的本质，这种类本性、类本质决定了人是天生平等的。

（三） 平等意味着所有人拥有人作为人的同等价值和尊严

作为一种普遍权利，平等权意味着所有社会成员一律平等，都拥有作为人的价值和尊严，而不论他们的家庭出身、民族种族、性别年龄、教育程度、财产状况等方面有何不同。

（四） 平等是人的幸福的重要指数

对平等的感受是人获得幸福和快乐的心理基础。如果社会不平等，社会成果或社会职位的分配向一部分人倾斜，那么另一部分人就会因感受到不平等待遇而心理失衡，从而影响他们的幸福感。

三、平等是一种法律人文精神

（一） 平等从法律思想转化为法律原则

人类对平等的追求为法律所肯定和确认，平等就成为法律人文精神。作为法律人文精神，平等在总体上是指公民在享有权利和承担义务方面处于同等的地位，任何人没有凌驾

于法律之上的特权。平等从一种法律思想发展为一项法律原则，经历了一个较长的历史过程。

(二) 法律平等的主要内容

法律平等的主要内容可以从立法平等、适法平等和守法平等三个方面进行说明。

1. 立法平等

立法平等是适法平等和守法平等的前提，如果在立法中就已经含有歧视某些人的内容，那么必然带来适法和守法的不平等。这一意义的平等要求法律必须具有一般性和抽象性。只有一般且抽象的规则，才是实质意义上的法律。法律的一般性和抽象性具有这样的内涵：这些法律在本质上乃是长期性的措施，指涉的也是未知的情形，不指涉任何特定的人、地点和物，这种法律的效力也不是溯及既往的。在法律中，任何公民，不分民族、种族、性别、职业、家庭出身、宗教信仰、教育程度、财产状况、居住期限，都一律平等地享有宪法和法律规定的权利，也都平等地履行宪法和法律所规定的义务；法律不得含有对任何人表示歧视的内容。实现立法平等，需要重视以下三点：一是不得在立法中对人们进行不合理的分类；二是在立法中公平合理地分配权利和义务、配置法律行为与法律责任；三是运用差别原则对现实中的不合理差异进行矫正。这是补救意义的平等。例如，法律对个人所得构建超额累进制度，对弱势群体如残疾人、未成年人、妇女、老年人、失业者等的权益予以特殊保障。

对社会弱势群体权利的法律保护，是"运用差别原则对现实中的不合理差异进行矫正"的要求和体现。由于个人的自然、生理、经济、政治等方面的原因，任何社会都存在着处于弱势或边缘地位的社会群体。特别是在现代化过程中，由于科学技术的发展、经济体制的转型、社会分工的复杂和社会结构的重构，社会弱势群体更加多样化。我国社会转型过程中的社会弱势群体主要指国企下岗职工，城镇农民工，失业的人和待业的人，残疾人以及其他在经济上文化上政治上心理上处于弱势地位或者不利状态的人群或阶层。弱势群体的处境是非常艰难的，以农民工为例，他们的权益普遍得不到保障，一是他们劳动强度高，劳动时间长，工作环境恶劣，缺乏最起码的劳动保护条件，并且工资被任意拖欠和克扣；二是生活和生存没有保障，农民工养老、失业、医疗、工伤、妇女职工生育保险等参保率不高，这给他们当前和未来的生活留下了极大的隐患。对于努力实现社会公正和平等的现代社会来说，保护弱势群体的利益已经成为一个重要而紧迫的社会问题。党和政府十分关注社会弱势群体的利益保护问题，提出了一系列保护弱势群体利益的措施。从法律角度来说，只有把社会弱势群体的利益上升到权利的范畴，特别是归结于生存权和发展权，并纳入国家的人权保护法律体系中，才能持之以恒、切实有效地保护弱势群体的利益。

2. 适法平等

适法平等是指法律面前人人平等，这是适用法律的基本原则和基本要求，意味着在法律适用的过程中，任何人平等地享有法律规定的权利，任何人的合法权益都一律平等地受到保护；任何人承担法律规定的义务，对于任何人的违法犯罪行为都应该严格依照法律规定加以制裁，决不允许任何违法犯罪分子逍遥法外。

3. 守法平等

一切社会主体都必须遵守法律，都必须在宪法和法律的范围内活动。平等是指公民在享有权利和承担义务方面处于同等的地位，任何人没有超越法律之上的特权。

（三）法律对平等的保障作用

内含平等精神的法律对平等的实现具有重要的保障作用。首先，法律是具体明确的规范，它将平等要求转化为人们的权利和义务，从而为人们平等地享有权利和自由提供了具体的依据和现实的途径。其次，法律是强制性的规范，违法行为受到国家强制力的制裁，从而为摒弃少数人的特权、为人们普遍地平等地享有权利提供有力的保障。再次，法律通过发挥其维护社会秩序、发展经济文化事业、促进社会进步等的职能，为平等的实现提供切实的保障，使平等不至于流于空谈。总之，具有平等精神的法律将人、物和事归于一定的类别，并按照某种共同的标准调整它们，从而实现和促进平等。例如，我国婚姻法中对父母抚育子女的规定，该规定对所涉及的父母都设定了义务。按照该规定，父母任何一方如果未尽抚育子女的义务则构成遗弃，将受到法律惩罚。该规定一视同仁地适用于所有属于其效力范围之内的情形，从而打破了将抚养教育子女的义务归于父亲一方即所谓"养不教父之过"的传统抚育子女模式。

法律规定的平等还只是一种可能的平等、应然的平等，法律平等要转化为事实上的平等、实际中的平等，还需要一个过程。在案例中，深圳市公安局龙岗分局龙新派出所悬挂的横幅是对河南籍人士的歧视，违反了平等原则，河南籍人士可以依法申请救济。所以，为了促进法律上的平等转化为现实中的平等，还需要采取有效的具体措施。这个案例说明，法律对于实现平等具有极为重要的作用，法律是平等的制度保障。

第五节 法律与安全

一、安全及其与秩序的关系

安全也是人的基本需要，按照美国心理学家马斯洛的观点，人对安全的需要紧随生理需要之后。这里的安全既包括人的生命健康不受侵害，也包括人的财产不受侵犯。安全是人的生命得以存续的必要前提，也是人的幸福的基本条件。如果某个公民不论在外面还是在家中都无法相信自己是安全的，无法保证自己和家人可以不受到他人的攻击或伤害，那么对他谈论幸福就是毫无意义的。正因为如此，安全也为人类所追求。

安全与秩序的区别是明显的。秩序强调的是社会运行中存在着某种程度的稳定性、确定性和连续性，安全则强调人的生命健康和财产免受外界的侵害；秩序是工具性的，安全是实质性的。但是，安全与秩序之间的联系也是密切的。秩序是安全的前提和基础，安全存在于一定的秩序之中；没有秩序就没有安全。正因为秩序对于安全具有如此重要的意义，因而它也成为人类追求的基本目标之一。历史经验表明，凡是在人类建立了社会组织的地方，大到一个国家，小到一个家庭，都致力于维护秩序的稳定。人类建立和维护秩序的方式有很多，其中最主要的方式是专制集权和民主法治。

基于专制集权的秩序不能保障人的安全。专制集权中的社会关系是"强制型"的，即一方不顾他方的利益而向他方强加义务。由于强制方拥有绝对自由，而被强制方又没有任何自由，因而强制型关系不仅缺乏自由平等精神，而且会造成关系双方的敌对状态。在专制集权之下，掌权者的意志高于法律。掌权者以言立法、以言废法，不仅使法律不具有稳定性、连续性，而且易造成权力专横和暴政。因此，在专制权力结构中的国民无法期望统治者的行为同一般性命令相一致，而这对于这些国民的行为来讲是具有决定意义的；因为这些命令并不拘束其制定者，而且严格遵守昨天发布的一般性命令，则会在今天或明天引起统治者的恼恨与报复欲望。每个个人都必须意识到统治者瞬时即变的怪念头，并力使自己的行为适应于统治者的怪念头。在这种政权结构中的国民的通常精神状况，肯定是忧虑不安的。

基于民主法治的秩序使人的安全获得保障。民主法治与无政府状态、专制集权是相对立的：为了防止无政府状态，法律限制了私人权利；为了防止专制集权的暴政，法律控制了政府权力。不仅如此，民主法治倡扬和培育公民美德，有助于形成具有"和而不同"特质的社会秩序；"在这种秩序下，一切卑鄙和残酷的私欲被抑制下去，而一切良好的和高尚的热情受到法律的鼓励；在这种秩序下，功名心就是要获得荣誉，为祖国服务；在这种秩序下，差别是从平等本身产生；在这种秩序下，公民服从公职人员，公职人员服从人民，而人民服从正义；在这种秩序下，祖国保证每个人的幸福，而每个人自豪地为祖国的繁荣和光荣而高兴；在这种秩序下，艺术成了高尚的自由的装饰品，商业成为财富的源泉，而不仅是几个家族的惊人富裕。"

二、安全是一种法律人文精神

法律是建立和维护社会秩序的根本举措，法律的这一功能使得法律与安全联系在一起，法律为人的安全所必需。当人们将对安全的追求诉诸法律时，安全就成为法律的人文精神之一。在我国，《宪法》、《安全生产法》、《产品质量法》、《食品卫生法》、《职业病防治法》、《消防法》、《刑法》等一系列法律构造保障安全的制度体系，使公民安全获得制度保障。具体地说，安全是一种法律人文精神，主要体现在三个方面。

（一）法律秩序是最合理、最稳定的秩序

法律通过规定权利义务和法律责任，为构建法律秩序提供依据。在法律秩序中，各社会主体在宪法和法律规定的范围内活动，社会组织和公民个人依照宪法和法律规定行使权利、履行义务，国家机关及其工作人员依照宪法和法律规定运作权力、履行职责。在这里，政府依法行政具有尤为重要的意义，如果行政行为和决定将会从根本上影响到许多公民、特别是穷人的福利和幸福，那么，行政行为对个人自由和财产的干预就不得超出民选立法机构授权的范围……授权范围之内的行政决定，也应当以正当的方式作出。如果没有保证这一点的手段，那么，生活将变得使人无法忍受。

（二）宪法和法律确认公共秩序的优先地位

宪法和法律确认公共秩序的优先地位，从而防止滥用权利破坏公共秩序的现象。自法国《人权宣言》规定"意见的发表只要不扰乱法律所规定的公共秩序，任何人都不得因其意见包括宗教观点而遭受干涉"以来，确认公共秩序的优先地位几乎成为世界各国宪法的通例。

（三）宪法和法律禁止危害安全的行为

一种行为只要有害于安全，则不论是出自公民个人还是国家机关，也不论这种行为危害的是人身安全还是财产安全，法律都加以禁止。在各国宪法中，一般都有如下规定：除非在法律所规定的情况下并按照法律所指示的手续，不得控告、逮捕或拘留任何人；否则凡动议、发布、执行或命令者应受处罚；根据法律而被传唤或被扣押的公民应当立即服从，抗拒则构成犯罪。

第四章 创新视角的法治与国家善治

国家善治是当今时代治国理政的目标和主题，民主政治的前提基础、国家善政的核心内容、社会和谐的基本特征决定了其实现离不开法治保障；法治是治国理政的基本方略，通过发挥规范功能和社会功能为国家善治的实现创造条件；以法治方式实现国家善治是推进国家治理体系和治理能力现代化的题中之义，它要求以法治思维引领治国理政、以良法之治化解社会矛盾、以综合治理助力法治在实现国家善治中的作用。

第一节 国家治理及其基本方略

自国家产生以来，如何治理国家就是掌权者直面的重大问题。为了保证国家长治久安，不仅掌权者弹精竭虑，其代言人也鞠躬尽瘁。除了少数昏庸无道的君主和唯利是图的阴谋家，大多数专制君主也谋求其所处时代的政治经济文化等条件所允许的"善治"，其代言人也致思在实现专制君主"善治"的具体方案上。然而，"善治"能否实现则取决于掌权者对治国方略的运用。无数事实说明，治国方略运用得当，则国家长治久安；治国方略运用不当，则国家衰败直至灭亡。

一、国家治理及其基本目标

(一) 治理

治理是各种公共的或私人的个人和机构管理其共同事务的诸多方式的总和，是使相互冲突的或不同的利益得以调和并且采取联合行动的持续的过程，既包括有权迫使人们服从的正式制度和规则，也包括各种人们同意或以为符合其利益的非正式的制度安排。它具有如下特征：治理不是一整套规则，也不是一种活动，而是一个过程；治理过程的基础不是控制，而是协调；治理既涉及公共部门，也包括私人部门；治理不是一种正式的制度，而是持续的互动。

(二) 国家治理

目前，尽管"治理"一词已经由主要指称国家机关的管理活动演变为涵盖各种公共组织和私人组织管理其共同事务的活动，但当它与"国家"结合构成"国家治理"时，其内涵在很大程度上依然是传统意义上的。众多的政治思想家将国家治理与政治联系在一起，赋予政治以国家治理的含义。国家治理是一个国家权力运行过程，是指掌权者在治国理念的指导下运用国家权力、通过一定的方式对国家事务进行管理、控制和引导的过程，其内容包括确立政治权威、规范政治权力、处理政治事务、管理公共资源、维护公共秩序等。在国家治理中，政治权威具有特别重要的作用。政治权威往往因国家形态、国家性质的不同而不同。例如，古代中国强调掌权者个人的权威，今日中国则强调法律权威。不同的政治权威依靠不同的方式确立，由此导致治国方略的差异。从政治理论和政治实践看，掌权者个人权威主要依靠神权思想、道德礼仪、个人才能以及严刑峻法等因素而确立，因而与之相应的治国方略有德治、礼治、刑治等；而法律权威主要依靠良好的法律、法律信仰以及国家强制力等因素而确立，与之相伴而生的治国方略是法治。

（三）国家治理的基本目标

国家治理是政权执掌者将其治国目的和意图转化为现实的过程，因而是一种有目的的自觉活动。国家治理的目标是掌权者的治国目的和意图的反映，它主要由三个方面构成。

1. 政权巩固

任何时代、任何国家的掌权者一旦执掌国家政权，必定将政权建设作为国家治理的重中之重。建立国家机构体系、组织武装力量、制定维护政权的规则体系、预防和打击危及政权的行为，所有这些都有一个共同目标，即巩固政权。

2. 社会稳定

社会稳定、国家长治久安是任何国家的掌权者的追求和梦想，也是他们治理国家的一个基本目标。正处于改革深水区的当今中国，更加强调稳定。维稳经费逼近国防经费，有学者用"天价维稳"来形容。"天价维稳"表明党和政府谋求社会秩序、维护社会稳定的决心。

3. 百姓富裕

经济是国家政权存在的根基，因此任何国家的掌权者都必须将发展经济作为国家治理的主题，即使是专制国家的君主也将富民作为治国之道。在当今中国的社会主义核心价值观中，"富强"排在第一位，充分表明我们党对富民重要性的认识。

二、国家治理的基本方略

（一）人治

人治是指掌权者个人的意志高于法律、国家一切大事的处理由少数人或个人按照自己的主观意志来决定的国家治理方略，它将掌权者作为国家治乱和社会兴衰的决定力量、将社会稳定和国家兴旺维系在掌权者身上。这一方略具有以下四个特征：①推崇个人权威，维护掌权者至上地位。掌权者"唯我独尊"，拥有至高无上的权力，将天下视为己业，将臣民视为子民。《诗经》曰："普天之下，莫非王土；率土之滨，莫非王臣。"②实行个人独裁，进行专制统治。掌权者拥有最高决策权，集立法权、司法权、行政权于一身，国家治理依照掌权者个人或少数人的意志来进行。《史记·秦始皇本纪》所言："天下之事无大小皆决于上。"③权力大于法律，法律居于附庸地位。掌权者"一言立法"、"一言废法"，法律的地位、功能、作用和权威均取决于掌权者的个人意志和心愿。④提倡道德教化，维护道德礼仪。德、礼是主要行为规范，不仅对百姓进行道德教化，所谓"德教者，人君之常任也，而刑罚为之佐助焉"，而且要求君主和所有官吏以德治身，所谓"政者，正也。子帅以正，孰敢不正"。

人治方略的危害是显而易见的。首先，人治方略将国家的兴旺寄托于圣君贤臣，然而，君主是国家中个人意志的、无根据的自我规定的环节，是任意的环节。依靠"无根据的"、"任意"的"个人意志"来治理国家，不能保证国家的长治久安。其次，人治方略使个人权威高于法律，诱使掌权者滥用权力，造成官员腐化堕落。大量史实说明，虽然在以往专制社会曾经有过制裁贪官污吏的法律制度，也出现被世人传颂的"清官"，但官场中的腐化堕落之风盛行，为数不多的"清官"往往受到排斥。再次，人治方略轻视人，践踏人权，使人不成其人。马克思说：专制君主总是把人看得很下贱，"哪里君主制的原则占优势，哪里的人就占少数；哪里君主制的原则是天经地义的，哪里就根本没有人了"。正因为人治存在诸多危害，因而随着社会文明的进步，该治国方略逐步被摒弃。在中国，传统文化的积淀使得人治在今天依然有一定影响郭道晖将中国当代人治的主要表现形式归纳为"替民做主"、"权大于法"、"仰仗青天"、"迷信运动"、"人身依附"、"等级特权"等六种。消除人治的影响是中国实行依法治国、建设社会主义法治国家的基础工程。

（二）法治

虽然法治是"一个无比重要的、但未被定义的，也不是随便能定义的概念"，但在国家治理维度的法治，其含义是可以确定的，是指一种掌权者按照民主原则把国家事务法律化、制度化，通过法律组织和运行国家权力以保障和实现公民权利、保持稳定秩序和促进社会发展的治国方略。

法治具有两重要义。①法治是"良法之治"，这是法治的前提和基础。何为"良法"？良法是指内容合理和形式完备的法律。所谓内容合理，是指法律的内容包含了文明进步的价值因素，如自由、平等、公平、正义、安全、秩序、效益，等等。所谓形式完备，是指法律不仅具有普遍性、平等性、公开性、确定性、可操作性、稳定性等外表特征，而且形成门类齐全、体系严密、协调统一的有机体系。②法治是"法律统治"，这是法治的关键和核心。法律在国家生活中处于最受尊重的地位，具有至高无上的威严；任何国家机关和任何个人都必须服从法律，任何人都不能有超越法律之上的特权；法律具有神圣不可侵犯性，法律一旦受到侵犯，不论侵犯者是谁，都要予以制裁；人们树立对法律的真诚信仰。

法治并不排斥掌权者个人智慧和才能在国家治理中的作用，也不否认道德在国家治理中的功能。

第二节　国家善治及其对法治的诉求

一、国家善治及其构成要素

善政历来是国家治理的主题和目标，而从 20 世纪 90 年代以来国际社会治理理念逐渐兴起，治理理念的兴起对国家治理的影响是从国家善政转向国家善治。

(一) 国家善治的概念

所谓国家善治，是指以民主为基石、以法治为根本保障、以公共利益最大化为目标、以实现最大多数人的最大幸福为终极目的、以国家机关和社会组织以及公民的良性互动为表征的新型治理模式。正确理解国家善治概念，尤其要把握以下两个方面。

1. 国家善治以民主政治为基石

民主是指多数人的有序参与，规则的制定和决策的做出不是少数几个人说了算，更不是个别人的专断，而是在广大民众直接或间接的参与下，按照少数服从多数、多数尊重和保护少数的原则行事。民主有直接和间接之分，直接民主就是民众直接参与国家事务、社会事务和经济文化事业的管理，这种民主适用于小国寡民、国家和社会事务简单的国家。公民通过直接或间接选举的方式产生一定数量的代表，由他们代表民众来讨论、决定和管理国家与社会事务。

在当今中国，民主实现方式有四种：一是选举民主；二是自治民主；三是协商民主；四是谈判民主。民主是实现国家善治的前提和基础。善治只有在民主政治的条件下才能真正实现，没有民主，善治便不可能存在；一方面，多数人做出的判断总比一个人做出的判断要可靠，因而需要发扬民主，集思广益；另一方面，只有符合民众利益和诉求的规则才能得到民众的普遍服从，因而需要发扬民主，了解民意。正因为民主对于国家善治如此重要，因而党和政府将它确立为社会主义核心价值观的内容。

2. 国家善治以国家善政为关键和核心

国家善政是自国家产生以来就为众多掌权者所追求、为无数民众所期盼的国家治理模式和状态。在英文中，国家善政写作"good government 意指良好的政治统治。在中国古代典籍中，国家善政有两个方面的含义，一方面是清明的政治、良好的政令。

纵观古今、横观中外，国家善政的内容基本类似，一般都包括以下几个要素：法度严明、官员清廉、行政效率高、行政服务良好。国家善治以国家善政为关键和核心，但现代意义上的善政只有在法治之下才有可能产生。无数事实证明，不受限制的政治权力乃是世界上最有力的、最肆无忌惮的力量之一，而且滥用这种权力的危险也是始终存在的。英国思想家罗素说过：爱好权力，犹如好色，它是一种强烈的动机，对人的行为的影响远远超出他自己的想象。权力滥用绝不可能产生善政，限制国家权力、防止国家权力滥用是善政的必然要求。

（二）国家善治的基本要素

国家善治由诸多方面的要素构成，根据学界观点，其基本要素有以下六个方面。

1. 合法性

这里的合法性，是指社会秩序和权威被自觉认可和服从的性质和状态。它与法律规范没有直接的关系，从法律的角度看是合法的东西，并不必然具有合法性。只有那些被一定范围内的人们内心所体认的权威和秩序，才具有政治学中所说的合法性。合法性越大，善治的程度便越高。取得和增大合法性的主要途径是尽可能增加公民的共识和政治认同感。所以，善治要求有关的管理机构和管理者最大限度地协调公民之间以及公民与政府之间的利益矛盾，以便使公共管理活动获得公民最大限度的认可。

2. 透明性

这里的透明性，是指政治信息的公开性。每一个公民都有权获得与自己利益相关的政府政策信息，包括立法活动、政策制定、法律条款、政策实施、行政预算、公共开支以及其他有关的政治信息。透明性要求上述这些政治信息能够及时通过各种媒体为公民所知，以便公民能够有效地参与公共决策过程，并且对公共管理过程实施有效的监督。透明程度愈高，善治的程度也愈高。

3. 责任性

这里的责任性，是指人们应当对自己的行为负责。在公共管理中，它特别地指与某一特定职位或机构相连的职责及相应的义务。责任性意味着公职人员及管理机构由于其承担的职务而必须履行一定的职能和义务。没有履行或不适当地履行他或它应当履行的职能和义务，就是失职，或者说缺乏责任性。公众，尤其是公职人员和管理机构的责任性越大，表明善治的程度越高。在这方面，善治要求运用法律和道义的双重手段，增大个人及机构的责任性。

4. 法治

这里的法治，强调法律是公共政治管理的最高准则，任何政府官员和公民都必须依法行事，在法律面前人人平等。法治的直接目标是规范公民的行为，管理社会事务，维持正常的社会生活秩序；但其最终目标在于保护公民的自由、平等及其他基本政治权利。从这个意义说，法治与人治相对立，它既规范公民的行为，但更制约政府的行为。法治是善治的基本要求。没有健全的法治，没有对法律的充分尊重，没有建立在法律之上的社会程序，就没有善治。

5. 回应

这一点与上述责任性密切相关，从某种意义上说是责任性的延伸。它的基本意义是，公共管理人员和管理机构必须对公民的要求做出及时的和负责的反应，不得无故拖延或没有下文。在必要时还应当定期、主动地向公民征询意见、解释政策和回答问题。回应性越大，善治的程度也就越高。

6. 有效

这主要指管理的效率。它有两方面的基本意义，一是管理机构设置合理，管理程序科学，管理活动灵活；二是最大限度地降低管理成本。善治概念与无效的或低效的管理活动格格不入。管理的有效性越高，善治的程度也就越高，

二、国家善治的法治诉求

国家善治是时代发展向国家治理提出的重要课题。然而，受到政治、经济、文化等多方面因素的制约，国家治理存在着失效的可能性，国家治理的结果常常背离治国者的初衷、辜负民众的期望。那么，如何克服国家治理的失效、如何实现国家善治的问题便成为治国者必须直面的课题。历史表明，治国方略的选择和实施对克服国家治理的失效、实现国家善治具有极为重要的意义。神治和人治不能为国家善治提供保障，只有法治才是实现国家善治的良方。

（一）国家善治以民主为前提和基础，而民主有赖于法律保障

民主政治是一种多数人有序参与的政治。所谓多数人的有序参与，是指民主政体下的决策和立法程序不是少数几个人说了算，更不是个别人的专断，而是在广大人民群众直接或间接的参与下，按照少数服从多数、多数尊重和保护少数的民主原则行事。保证公民享有充分自由和平等的政治权力的现实机制只能是民主政治，这样，善治与民主便有机地结合了起来。专制政治在其最佳的状态下可以有善政，但不会有善治。善治只有在民主政治的条件下才能真正实现，没有民主，善治便不可能存在。

然而，民主如果没有法治保障就难以得到实现，它常常异化为专制独裁和恣意妄为。法治是专制独裁和恣意妄为的"消防栓"和"抑制剂"。法治的人民主权、法律面前人人平等、正当程序等原则既保障公民能够平等地享有参与政治生活的机会和资格，又保障公民参与政治生活因按照正当程序进行而具有有序性。从历史角度看，法治最初就是适应民

主对它的诉求而出现的，这可以从以下观点中得到说明："对法治的诉求最早在古希腊时期出现的，是在政治剧烈变动的旋流中出现的，同时也是在一些希腊城邦的政治结构开始向民主化的方向转化的时候出现的。这些事实可以说明……法治被认为是一种能够有效地防止民主制向极端状态发展，并且有效地减缓甚至防止政治变动的手段。"需要指出的是，法治对民主的约束不是要消弭民主，而是要防止一些人假借民主恣意妄为。

（二）国家善治以国家善政为关键和核心，而现代国家的善政与法治相连

在现实的政治发展中，政府仍然是社会前进的火车头，官员依然是人类政治列车的驾驶员，政府对人类实现善治仍然有着决定性的作用。一言以蔽之，善政是通向善治的关键；欲达到善治，首先必须实现善政。现代意义上的善政只有在法治之下才有可能产生。国家权力滥用绝不可能产生善政，限制国家权力、防止国家权力滥用是善政的必然要求。

要限制国家权力、防止国家权力滥用，需要法治的强有力保障。一方面，法治具有"定分"功能，明确规定国家机关及其工作人员的职权和职责，防止其越权。另一方面，法治明确规定国家权力行使的原则和程序，从而使国家权力沿着"正当程序"进行，防止国家权力滥用。

（三）国家善治以公民社会为社会条件，而公民社会有赖于法治保障

公民社会是建立在市场经济基础之上的、以具体的个人和自治性组织为主体、独立于政治权力之外的领域，具有主体自由平等、社会多元、私权自治、法治保障等特征。公民社会的最重要主体是具有平等性、独立性的公民个人。公民个人的活动领域即私人领域，包括私人生活空间和私人自主从事商品生产和交换的经济活动的空间。除了公民个人，自治性团体也是公民社会的重要主体。公民社会是国家善治的社会基础，是国家善治的社会条件。

公民社会的形成、健全和发达离不开法治保障。首先，作为公民社会的最重要主体，公民是具有平等性、自由性、独立性等特征的个人。公民的平等性、自由性、独立性都与法治密不可分，因为它们意味着：公民平等地享有法律规定的权利、平等地履行法律规定的义务；公民享有自由，这种自由是法律范围内的自由。其次，公民社会以私权自治为基本特征，它预设了个人具有某种确获保障的私域，亦预设了他的生活环境中存在有一系列情势是他人所不能干涉的。私权自治需要法治厘定私权和公权的活动领域，划分政治国家与公民社会的界限，从而使国家权力尽可能远离私人领域，防止公共权力随意侵入私权领域，以保障公民和自治性组织在这些领域能够充分行使权利。再次，公民社会的主体处于一种有规则的状态。这种有规则状态是法治的产物，它表明：法律的权威高于个人的权威，法律在社会生活中居于至上地位；社会组织和公民个人在宪法和法律规定的范围内活动，依法行使权利并履行义务。

公民社会是建立在市场经济基础之上的、以具体的个人和自治性组织为主体、独立于政治权力之外的领域。具体的个人是公民社会最基本的要素，是公民社会最基本的权利主体。具体的个人有其活动的领域，即私人领域，包括私人生活空间和私人自主从事商品生产和交换的经济活动的空间。私人领域是个人自我发展和道德选择的领域，不受外界干扰，它的存在是公民权利得到保障的重要体现。除了具体的个人，自治性团体也是公民社会的重要主体。自治性团体是一种非政府的、非营利的社团组织，一般包括慈善机构、社区组织、妇女组织、宗教团体、专业协会、工会、自助组织、社会运动团体、商业协会、联盟等，它们不是建立在血缘或地缘联系的基础上，而是团体成员基于共同利益或信仰而自愿结成，成员的加入或退出是自愿的。自治性团体是将个人与国家联系起来的重要中介，既有助于制约国家权力，维护公民权利，也有助于克服个人主义，培养公共精神。在公民社会，个人需要与利益是终极目的，国家和集体是为了保护和增进个人需要与利益而存在的，因而国家权力尽可能远离私人领域和公共领域，以保障公民和自治性组织在这些领域能够充分行使权利，实行自治；私人之间、社会组织之间出现矛盾和纠纷，如果能够自行解决，只要不违背国家的法律，国家机关不加干预。

第三节　法治对国家善治的功能

对于国家善治，法治具有极为重要的功能。法治是人类有史以来最伟大的发明，别的一切发明使人类学会驾驭自然，而法治使人类学会驾驭自己。人治寄望于个人权威和道德教化，神治寄望于神灵权威和盲目崇拜，两者往往与专制集权，结合在一起，因而不能有效防止权力滥用、不能保障民众的权利和利益、不能保障国家长治久安。与人治相反，法治是良法之治和法律统治的统一，法治的这双重要义决定了它作为一种治国方略与人治方略、神治方略的不同。法治在实现国家善治中发挥着极为重要的功能，法治作为一种行为准则，具有规范功能；法治作为一种社会规则，具有社会功能。必须指出的是，法治是通往国家善治的必由路径，但是法治也有局限性，法治不是万能的。

一、法治的规范功能

这是法治基于法律的规范性特征而产生的功能。法律是调整人的行为的社会规范，必然具有规范人的行为的功能，它通过对人的行为进行指引、评价、预测、激励和制裁而将其纳入国家善治所需的范围内。任何社会的法律都具有规范功能，但在不同社会制度下，这些规范功能的性质、目的、作用方式等存在很大差别。例如，古代统治者将法律当作"防民之具"，所以"有生法，有守法，有法于法。夫生法者君也，守法者臣也，法于法者民也。君臣上下贵贱皆从法，此谓为大治"。法治之法是公民权利的保障书，它"以和平的方式避免可怕的暴力冲突"，"使社会中各个成员的人身和财产得到保障，使他们的精力不必因操心自我保护而消耗殆尽"。

具体地说，法律的规范功能包括指引功能、评价功能、预测功能、激励功能、教育功能、强制功能等。①法治的指引功能，即法治所具有的对人自身行为进行导向和引导的作用。法治为人们设定行为模式，引导人们在法律所许可的范围内进行活动。②法治的评价功能，即法治所具有对他人行为的合法性进行判断和衡量的作用。一个人可以依据法律的规定、法律的原则和精神等标准判断他人行为的法律意义。③法治的预测功能，即法治所具有的使人们预先估量相互间的行为及其后果从而对自己的行为做出决定的功能。依据法律，人们可以预测自己未来行为的方向、界限及其法律后果，合法地选择和安排自己的行为；政府可以把握其行为的目的与方向，并把自己的行为纳入法律铺设的轨道，以保障政府行为的合法性和公正性。④法治的激励功能，即法治所具有的鼓励人们更好地依法办事的功能－——这种激励性不只是表现在民事法律中，如依法履行合同可以得到预期的效益的报偿，即使是以惩罚为主的刑法也有一些激励规范，如对自首和立功行为或遵守监规、接受教育改造、确有悔改表现的，可从轻或减轻处罚，或减刑。⑤法治的教育功能，即法治所具有的督促或教育人们实施正当行为的作用，法治所具有的人文精神对于提升人们的人文素质具有重要的作用。⑥法治的强制功能，即法治所具有的对违法犯罪行为进行制裁的功能，其目的在于实现法律上的权利和义务、维护法律尊严、实现公平正义、保障社会的稳定与和谐。

法治的规范功能主要是通过权利和义务机制来实现的。权利代表利益，是法律对人的需要的肯定，通过利益导向对人的行为发挥激励作用；义务代表负担，是法律对人的需要的约束，以其特有的强制功能对人的行为发挥抑制作用。权利和义务机制的运行，既能满足人的正当的、合理的需要和利益，又能抑制人的不正当的、不合理的欲望和要求。通过权利和义务机制的作用，法律将有限的资源按照社会所允许的尺度在社会成员之间分配，以防止和制止纠纷。当然，法律责任的设定、法律制裁手段的运用，也发挥了约束、调控、规范社会成员行为的作用。

二、法治的社会功能

法治是一种社会规范，必然具有社会功能。依据法治的本质和目的，法治的社会功能又可以分为政治功能和公共功能。

(一) 法治的政治功能

这是法治基于法律的政治性而产生的功能。虽然法律与政治的区别是明显的，如政治的内容比法律的内容丰富、政治的外延大于法律、法律反映政治但不是每一具体的法律都具有鲜明的政治特性，但是，由于法律是政治活动和实现政治目标的一种常规形式，特别是在现代社会，民主政治就是法治政治，政治必须采取合法的形式，有规则、有秩序地运行，因而政治和法律具有内在的统一性。

一方面，政治是法律产生和发挥作用的前提和基础。首先，法律是由特定的政治权力机关制定和认可的社会规范。其次，法律依靠特定的政治权力即国家强制力保障实施。再次，法律必须在相对稳定的政治秩序中发挥作用，"乱世无法治"是被历史证明了的规律。

另一方面，法律对政治行为具有规范作用。法律以明确的、稳定的和公开的方式规定政治权力和政治权利，协调不同政治主体的政治行为，营造稳定的政治秩序。就其实质而言，法治就是"强调政治行为的合法性，严格规定国家代议机关和行政机关、司法机关的职权范围和行使职权的程序，并建立有效的法律监督体系和制约机制，消除政治权力运行不受监督和制约的现象"。

任何社会的法律都具有政治功能，但是在不同社会，法律的政治功能在性质、目的以及作用等方式存在很大不同。例如，古代法律的政治功能突出表现为维护剥削阶级的统治、推行专制政治；现代法律的政治功能突出表现为维护人民主权、推行民主政治。所有法律都具有政治功能。即使是私法，也通过对私权的保障为国家权力设定活动的空间，从而构成对国家权力的限制。例如，在私人财产权受到保护的情况下，即使只有一个破茅棚，也能为国家权力的活动划定界限，所谓"风能进，雨能进，国王的铁骑不能进"。但是，比较而言，公法的政治功能更加突出。公法是配置和调控公权力以及公权力与私权利的关系的法律规范，通过一个行之有效的公法制度，可以约束政府官员的权力，预防随意的暴政统治。

现代政治是民主政治，因而现代法治的政治功能突出表现为它为民主政治提供保障。法治不仅承认民主的价值原则，而且使之法律化和制度化，从而使民主的理念和民主的制度获得权威性。法治规定民主权利的具体内容和范围，从而使公民明确自己应该享有的权利和自由。我国宪法规定的民主权利有选举权和被选举权、言论自由、出版自由、结社自由、集会自由、游行自由、示威自由、监督权等。法治规定权力行使的范围和原则，从而使权力的滥用得到有效的遏制。法律构建民主制度包括代议制度、选举制度、政治协商制度、听证制度等，规定实现民主的程序和方法，从而为民主的施行提供基本的准则。法治以国家暴力机关为后盾，对违反民主原则、破坏民主的行为给予制裁，从而保证民主政治的正常运行。

民主政治的要义在于"广泛分配权力与权利，并以权利制约权力，以公民权利监督公共权力"。所以，法治对民主政治的维护集中表现为规范政治权力和保障政治权利两个方面。

法治对政治权力的规范主要从以下五个方面进行。一是确认人民主权，建立代议制度、选举制度等保障国家权力掌握在人民手中。二是将国家权力分开并交由不同的国家机关行使，以权力制约权力。三是发展非政府组织，以社会制约权力。四是保证公民权利，以权力制约权力，对个人权利的保护也就意味着国家活动的方向和限制。五是规定国家权力行使的原则和程序，以程序控制权力。

法治对公民政治权利的保障，主要从两个方面进行。一方面，法治控制国家权力，防止国家权力滥用而导致对公民政治权利的侵害；另一方面，法治把政治权力规范化，保证政治权利落到实处，同时规定剥夺危害国家安全及其他严重刑事犯罪人的政治权力，对他们做出政治上的否定性评价。

（二）法治的公共功能

这是法治基于法律的社会性而产生的功能。法律是一种社会规范，它来源于社会又回归社会。对此，无论马克思主义者还是非马克思主义者都予以赞同。作为一种社会规范，法律必定具有社会功能，具体表现为对社会公共事务进行管理和调控。这种管理和调控一方面表现为法律通过权利和义务的设定将复杂的社会关系明确化、简单化；另一方面表现为法律对社会机体的"疾病"进行诊断和治疗。正是后一种意义上，人们往往将法治与医生治病相提并论。如果说医生的任务是给人体诊断和治疗疾病，那么法治的使命则在于给社会诊断和治疗疾病。

在当今时代，法治的社会功能凸显。市场经济的发展、科学技术的进步、知识经济的崛起，使得法治的社会功能呈现出广泛性、新颖性等特征，即法律功能及于整个社会，并由社会而及于自然。由此，法律的社会化趋势日益突出，公法在强调政治统治的同时注重社会服务、私法在强调私权保护的同时注重社会公共利益。不仅如此，以社会功能为专任的法律部门也逐渐形成，这个法律部门主要由以下方面的法律构成：①维护人类社会基本生活条件的法律，如有关自然资源、医疗卫生、环境保护、交通通信以及基本社会秩序的法律；②有关生产力和科学技术的法律；③有关技术规范的法律，即使用设备工序、执行工艺过程和对产品、劳动、服务质量要求的法律；④有关一般文化事务的法律。

法治的社会功能有多方面的表现，择其要点而言之，主要有以下四个方面。确认和保障社会成员的基本权利，维护人的基本生活条件。每个社会成员仅仅因为他是社会成员之一，就有权不仅享受其他社会成员所提供的个人生活所需，而且有权享受每一个人都想得到而实际上确实对人类福利有益的一切好处和机会。基本权利是社会成员维持生存和发展的最起码条件，确认和保障社会成员的基本权利是法律的基本任务。维护市场经济运行秩序、组织社会化大生产、促进社会生产力发展。法律根据生产力发展的水平确定生产资料的所有制形式、分配形式以及经济体制，规定促进经济发展的基本原则和措施，对经济发展发挥保障和促进功能；法律通过确认市场主体的资格和法律地位、调整经济活动中的各种关系、解决经济活动中的各种纠纷、保障经济主体的合法权益等调控微观经济行为；法律通过确定使用设备、执行工艺的技术规程以及产品、劳务、质量要求的标准等保障生产安全、防止事故发生、保护消费者的利益、维护生产和交换秩序、构建良好的经济运行秩序。协调公平和效率的关系，实现社会公平。公平与效率在一定条件下会发生矛盾：片面追求效率可能导致收入悬殊、两极分化，损害公平；片面追求公平可能滋生平均主义，影响效率。在公平与效率的关系上，法律不是择其一而去其余，而是以社会公平为价值取向寻求两者的契合点，通过合理界定权利和义务实现公平与效率的统一。推进教育、科学、文化、卫生、体育、交通等公共事业的发展。

法治对国家善治的规范功能，是指法治通过对人的行为进行指引、评价、预测、激励和强制而将其纳入国家善治所需的范围内，表现为法治的指引功能、评价功能、预测功能、激励功能、强制功能和教育功能等。上述案例揭示了法治对人的行为的强制功能。法治的强制功能是指通过对违法行为的否定和制裁来达到规范人的行为、实现良好社会秩序的目的。

三、法治在实现国家善治中的局限及其填补

法治虽然是最文明、最进步的治国方略，但不是完美无缺的治国方略。事实上，法治存在一些瑕疵，这些瑕疵使得法治在实现国家善治中具有一定的局限。因此，在运用法治方略治理国家时，必须有其他配套工程，以便对法治的局限进行填补。

（一）法治的局限性

法治的局限性表现在许多方面，归纳起来主要有四个方面。

第一，法律不能囊括一切，动用法律处理某些问题，不见得比其他方法更有效果。法律不能干涉人们的内心世界，私人生活领域一般也是法律的禁区。

第二，法律的抽象性、稳定性和社会生活的具体性、灵活性之间存在着一定的距离，法律对千姿百态、不断变化的社会生活的涵盖性和适应性不可避免地存在一定的限度，因而再完备的法律也存在真空和漏洞。

第三，法律功能的发挥需要一定条件，包括公民的法律意识、法官素质、司法体制、侦查水平等诸多方面。如果与法律相关的配套技术、措施、制度尚未建立和完善，或者即便建立了但是尚未真正与法律融为一体，那么法律不可能充分发挥自己的独特功能；如果人们的道德素质低下、法律认同程度不高，那么即使有完善的法律，其功能也难以得到发挥。

第四，法治需要付出一定的成本和代价。法治对"疑罪从无"原则的贯彻，会使一部分违法者逃避法律的制裁，这是实行法治需要付出的代价。此外，诉讼时效、追诉时效等司法效率的具体规定以及侦查手段落后、法官素质不高等主客观因素，使得法治的代价更加高昂。

（二）法治局限的填补

正如不能因为法治的优越性而认为法律是万能的，也不能因为法治存在的局限而否定

它调整社会生活的主导性。对于法治的局限性，可以通过一定的方法加以填补。

1. 法治与民主相结合

民主的实质是公民以主人翁的身份参与社会管理，也就是公民自主和自治，它们在法律出现空白时发挥填补功能。民主意味着公民在自由和平等的基础上进行对话和沟通，通过对话和沟通形成真实反映大多数政治主体共同意志的政治主张，有利于解决不同政治主体之间的矛盾和冲突，形成和谐的政治秩序，也有利于制约权力的行使，防止个人专权。

2. 以政策补偿法律

政策具有较大的指导性、号召性、教育性与灵活性，它从以下方面发挥克服法律局限的作用：一是作为法律的先导，以补偿法律的滞后性；二是作为立法的指导，以明确立法的目的；三是作为法律的补充，以填补立法的疏漏。此外，执法中也可依据政策指导自由裁量权的正当行使。当然，政策不能取代法律，一般也不能高于法律，政策要根据宪法和基本法律来制定。

3. 实行综合治理

在社会治安方面，我国十分重视综合治理，即调动各种社会力量与社会手段，多方式多渠道地进行调控。这种治理方案收到一定成效，应扩大适用范围，不限于社会治安领域。近年来，西方发达国家出现一种"非法律化社会"思潮，主张解决社会危机的手段不能只靠法律，而寻求借助伦理道德、文化习俗传统，以建立和谐的社会秩序。当然，只有在实行法治的前提下，其他社会控制手段才能综合地发挥作用。

法治不是万能的，法治对国家善治具有一定的局限性。法律的抽象性、稳定性和社会生活的具体性、灵活性之间存在着一定的距离。法律对千姿百态、不断变化的社会生活的涵盖性和适应性不可避免地存在一定的限度，因而再完备的法律也存在真空和漏洞。

第五章　法学实践性教学与教学模式

第一节　法学实践性教学概论

一、实践性教学

实践性教学泛指与法学理论教学相对应的以培养学生技能为核心的教学活动。不过广义的实践性教学则包括所有含有培养学生实践能力的教学活动，即理论性教学的实践教学环节也属于实践性教学，本书则是从狭义的角度展开关于法学实践性教学的有关研究，以期我国能矫正过于注重理论教学的积弊。但是实践性教学和理论性教学只是强调培养学生理论和实践两种不同素养而进行的划分，本质上讲二者并不是相互割裂毫不相干。一个良好的理论基础定有利于掌握规则及其适应，丰富的实践经验又会促进理论的进一步提高。

二、实践性教学功能

法学实践性教学之所以逐渐被我国法学教育者所接受采纳，并且日益成为我国法学教育体系中不可缺少的一环，主要的原因在于其可以弥补我国传统法学教育中忽视实践技能训练的不足之处。具体而言，实践性教学具有以下功能。

（一）育人功能

法学实践性教学具有注重学生品德责任心培养的育人功能。对于从事法律工作的法律人来说，公平与公正是最重要的操守，无论拥有多高的法律职业技能，如果缺乏必要的职业责任心，就难以起到保障当事人利益、维护当事人合法权益的作用。技术层面的缺失可以通过司法救济程序来矫正，但如果整个程序的参与者都缺乏法律职业道德，那司法公正也就无从谈起。目前我国法律人的素质还处于相对较低的状态，这与我国现阶段法律职业道德教育的缺失和不足有很大关系，也是单纯理论教学的副产品。实践性教学通过让学生接触真实案件，置身于法官、律师、当事人等角色中体会法律公平正义的精神和匡扶正义、定纷止争的作用，可以在潜移默化中教书育人。如法律诊所教育能够通过为诉讼弱势当事人提供法律帮助解决实际问题时切身的感受和体会弱势群体的困境，激发他们学以致用、服务民众的自觉性，明白法律的作用以及身为法律人肩上所背负的社会责任。虽然提高法律职业道德和素质不是一朝一夕便能形成的，但只要长期的培养，便可从根本上改变我国现阶段法律人才素质不高的局面。法学实践性教学便是一个行之有效的培养方法和途径。

（二）实践功能

法学理论知识与法律实践技能是相辅相成的，法学理论知识是法学实践技能的基础，拥有深厚的知识储备才能够使学生在实践中游刃有余。但法学理论又是抽象的，学生对理论知识的理解就具有一定难度。实践性教学强调学生技能训练、亲身而为，所以它能帮助学生将理论知识转化为实践技能。实践性教学中学生都可以接触到真实案例，案例课学生可以分析讨论真实案例，模拟法庭学生可以模拟真实案件的审理过程，诊所教学可以办理真实案件，由于案件来自真实的生活，不确定性是案件的最大特点，它不像我们理论学习中的循规蹈矩，而往往因为现实生活纷繁复杂而呈现出千姿百态。学生在分析、模拟、办理这些真实案件时必须调动所学知识才能应对和解决，在此过程中其运用知识的能力自然会增强。如在模拟某一个案件的审判过程中会产生争议焦点，不同人对不同事实的认知的碰撞，当事人及其代理人双方、公诉方和被告人及其辩护人等在举证、质证、主张、抗辩、再主张、再抗辩等环节中进行法庭调查和法庭辩论都会利用法律针锋相对、据理力争，在激烈的对抗中能够激发学生深入思考，从而有力地推动学生法律专业知识的现实转化。在实践过程中学生的综合素质和能力得到训练和培养，如讨论、辩论、咨询等可以提高口头表达能力；写代理词、答辩状、起诉书等法律文书可以提高其写作能力；在运用法律规则，像法官、律师一样思考问题，解决社会纠纷时可以训练其法律思维能力；在自我构建知识的过程中通过独立、反向或多角度的审视和分析案例，还能培养学生的创新思维以及批判精神，不随波逐流、人云亦云。

（三）补充功能

传统法学教育中存在诸多不足，比如法学教育将学生限定于书本的范围内，缺少真实性；再如传统法学教育容易与实践脱轨，难以对学生以后的法律实践生涯起到良好的帮助作用；又如传统法学教育是一种"填鸭式教学"，学生在学习的过程中处于被动地位，缺少本身的积极性。实践性教学技能训练为主、不设定固定的"标准答案"，学生与教师能平等交流、学习内容具有不确定性与真实性等一系列特点，都能对我国传统单纯的理论法学教育起到完善和补充作用。目前，我国的各个法学院校都进行了不同程度的尝试，例如模拟法庭、参观真实审判、毕业实习等方式，虽然还没有形成自己的课程体系，但是已经对传统教学发起了有力挑战。相信，只要法律教育界不断关注和重视实践性教学，它的实践性功能最终会发挥应有的补充作用。

三、实践性教学目标

目前实践性法学教学除少数高等院校在国外基金的支持下开展以外，并未在全国广泛推行和实施，它要撼动传统教学模式，占据高校法学教学的重要地位还存在以下障碍。

（一）法学教学目标模糊不定

实践性教学没有指路航向法学教育目标是由法学教育中内在的、与生俱来的二重性决定的，法学教育具有职业技能培训性和学术研究性，它的目标自然也就有两个：一是培养实践型人才，二是培养学者型人才。那么我国应确定什么目标呢？是双重目标还是单一目标，这是摆在眼前关乎法学教育性质、宗旨内容、方法等一系列问题而亟待解决的课题。就教学方法来讲，不同的教育目标要求采用的方法不同。实践型人才需要采用侧重培养学生职业技能的实践性教学方法，开设"法律诊所"、"法庭辩论"、"律师职道德"等基本课程。而研究型人才则侧重培养学生对法律体系、规则、原理的全面掌握，教学多采用系统讲授的方式。一国培养何种类型的法律人才，就需要有与这一目标相一致的教学方法。有人认为我国法学教学目标应定为双重目标，即本科阶段的法学教育定位于职业技能训练或培训，本科阶段以上的法学教育定位于学术培养，也有人认为鱼和熊掌二者不可兼得，舍鱼而取熊掌也。具体讲就是借鉴以美国为代表的法学教学目标——培养合格律师，学生毕业就可以进行律师实务操作。此观点认为，"法律是一种活动，而不是一个概念或一组概念，法学就其性质来说主要不是以学术为导向，而是以解决问题为导向"。法学院的教学目的不只是教授法律，更是教授法律人技巧。至今我国的法学教育目标仍不明确，从统一司法考试和招收法硕的改革看，培养目标倾向实践型人才，但实际法科中无论本科还是研究生阶段的学习，理论和实践严重脱节，毕业实习流于形式，除了少数开展法律诊所课程的院校外，绝大部分法律院校实践教学非常薄弱几乎没有开展。可以说我国是以通识性教育或研究型教育为目标的。我国法学教育目标存在理想中的实践型和现实中的研究型或通识型的矛盾。目标不定，隐性的通识型或学术研究型培养目标，使我国的实践教育缺乏思想指导。如同未来"产品"没有合格检验的标准，进而也就无法确定最佳的生产方式一样。

从世界各国法学教育的发展趋势看，美国实践性教学模式已被普遍接受和大力推广。各国为支持开展实践性法学教学方法，在教学目标上都进行了相应的改革。日本法学教育方面的改革，也在改变过去注重培养法学人才的倾向，将培养大量的具有法律实务知识的人才作为法学教育的目标。我国当务之急就是要明确法学教育的目标，随着全球化的深入，中国要与西方法律人平等对话，开展有效竞争，专业训练上就应具有同质性。学生单纯的、脱离实际的接受信息必将导致他们缺乏实际操作和对抗能力，将不利于树立我国法律人的形象，更无法有效保护我国当事人的利益。我国应尽快确定以培养具有专业技能的法律人才为主的教育目标，这是现实社会对法律人才培养的需要，也是为有效培养这类人才的最佳实现途径——实践性教学方法的实施提供保障。

（二）确立有侧重点的双重目标为实践性教学指明方向

虽然法学教学目标具有二重性，人们对于这一问题的认识也是见仁见智、各持己见，无论怎样确定都有其合理性一面，然而合理性并不意味着最佳性。教育的目标是实现个体的全面发展，推动社会的不断完善和进步，其价值取向是使个体和社会均达到最佳状态。法学教育目标也应如此。那么这个目标如何确定呢？从个体和社会两方面看：一方面，进入法学院的大多数学生最终将进入司法部门，从事法律实务工作，少数对法学科学理论感兴趣的，将进入研究或教学部门工作。显然要满足大多数个体的需要应确定专业技能培训的培养目标。另一方面，社会对于法律的需要主要在于运用法律的精神、原则、规范维护个人及社会整体的利益，解决各种社会纠纷，维持社会的稳定和可持续发展。即需要把静态的法变为动态的法，而不是静止不动的法律概念、条文和规则。当然，确定了实践型人才培养目标，并不能因此得出法学教育就可不重视学生的理论素养的培养。通常情况下法律实践训练与法律理论学习并不矛盾，它们许多情况下实际上相互促进和提高，一个良好的理论基础肯定有利于掌握规则及其适用，丰富的实践经验又会促进理论的进一步提高。法律必须包含这一对要求才能促进法律的进步。由此可知，法学教育目标需要既能满足社会和个体的主流需要，又能顺应法律教育的内在规律；在实现途经上既不能搞目标的平衡论，也不能搞纯粹的单一论，而应该是有侧重点的双重论。即总体培养目标应该确定为以培养职业技能为主，兼顾学术研究或通识。具体到研究生层次可作为特例，在坚持双重论不变的基础上，把侧重点由技能训练倾向到学术培养。有了这样明确而又符合法律教育规律和社会需要的教学目标，法律实践性教学也就有了指路的灯塔。法律院校的教育观念、教学模式、教学内容和方法都会随着实践性教学模式地位的确立而转变，实践性教学也就不会变成装饰门面的花架子而会被落到实处。

四、实践性教学学制

（一）学制太短不利实践性教学的深入展开

如前所述的国家法学教育以职业技能培训为目标与其教学体制有关，美国法学教育是建立在四年通识教育基础之上的研究生教育，学生入学前奠定了良好的人文基础，学生在获得本科学位之后，使职业训练成为可能。德国、法国、日本都有本科教育之后的研修制度，学生本科毕业后要接受至少一年的实务培训。这些国家的学生在长达 6 ~ 7 年的法学教育中，技能训练有较深入扎实的理论功底作基础，在巧妇有米之后强调其技能训练顺理成章且至关重要。但我国学制短，学生又来自各中学校门，缺乏基本的社会科学知识，综合素质低，如果片面强调技能只能是空中楼阁，无法操作。

短短四年，莘莘学子既要完成通识教育，又要进行专业技能训练，时间过紧，学校在通识教育和技能培训方向捉襟见肘难以兼顾。结果只能是先补文化素养的课，而技能训练只是作为陪衬，无法深入开展。换言之，我国的法学教育学制短，学生在这期间不能同时完成技能训练和知识的积累。其中严重缺失的部分就属专业技能培训。

（二）延长学制保证实践性教学顺利进行

对于法科学习的学制世界上大体有两种模式。一种是以美国为代表的 4 年通识教育基础上的硕士教育，毕业生在有资格参加工作或律师资格考试以前需在大学花费至少 7 年时间。另一种是以欧洲国家为代表的，先进行 4 年法学教育，毕业后在正式执业或参加律师考试以前平均花费 3 年时间进行实际能力培训。我国应采取哪种模式呢？对此存在不同观点。有些学者认为，必要时应扩大法学院的双专业学生（学制 5 ~ 6 年），进行学制改革，这无论对学生或是法学界都有很大好处。另有学者认为：中国的法律教育模式在许多方面与大陆法系相近。

我国选用哪种模式应主要考虑改革成本及效率。若借鉴美国，有利之处在于我们已有多年招收法硕的经验，法律硕士教育旨在培养从事法律实务和社会管理方面的高级专门人才，具有显著的法律实务教育指向，这在目标与学制上与美国法学教育是一致的。

本科教育并无多大差别，未重视实务培训。针对形似神不似的状况，只要把法硕目前的以法学理论教学为主的现状改为以职业技能培训为主的情形即可，具体培训以实务部门的兼职教师为主。美国模式对我国法律院校的不利之处是各法学院招生数量会大幅度降低，将影响高校收入，高校法学院未必能配合尤其是法律专门院校。若借鉴德、日模式则必须增加总的学习时间。法律院校只完成 4 年的通识教育，这与目前体制相似，但之后的 2 年左右的研修培训任务却相当重。目前我国还没有研修制度，相应的机构未建立，师资未形成，实施成本比较大。综上所述，本人认为选择美国模式较为经济，理由如下：①研修机构的筹建，成本很高。②高校聘请兼职教师或培训实践教师完全有可能。③目前各法律院校发展速度过快，招生规模过大，而相当多的法学毕业生又不从事法律职业，仅完成了通识教育，实则是一种浪费。因而各院校不如减少招生，在提高教学质量上下功夫，狠抓薄弱的实践环节。

在学制延长即培养一个复合型法律人才由 4 年增加到 6 ~ 7 年的情况下，为学生和学校接受和实施实践性教学模式创造了有利条件。首先，学生素质提高，使技能训练成为可能。其次但却是非常重要的是，时间有了保障，学生可以充分消化、理解、体验法律规则、原理，并进一步深入实际，尽快掌握技能。把理论学习和实践活动有机结合。最后，延长学制还可以使我国法律高级学位教育制度趋于统一，确立实践性教学的合理地位。毋庸置疑，法律硕士教育的置办，势必导致在研究生教育阶段学术型和实务型"双轨制"并行的局面，从而使法律高级学位教育制度趋于复杂。而若以法律硕士教育取代法学硕士教育制度，则又如何保持法律专业学术型教育制度的上下衔接关系？

延长学制后，双轨合一，培养目标一致，不用担心法律硕士研究生教育阶段的培养目标仅以法律实务为指向，那么，完全排弃法律学术目标的做法是否可行的问题。因为在6~7年的学习中以职业培训为主，在博士研究生学习阶段以学术培养为主。

以上对我国实践性教学开展中存在的教学目标和学制方面存在的症结和解决方法进行了初步的思考和探讨，旨在引起各界对这一有效的法学教学模式的重视和扶持，以提高法学教学质量，满足社会发展对法律专业人才的期望。

第二节　模拟法庭教学

一、模拟法庭教学的概念和特点

案例教学法虽然对比纯粹的文字教学有了进步，但是仍不能够满足法律事务实践中对于实际工作技能的要求，而"模拟法庭教学"作为一种更为直观、生动的实践教学方法更具有趣味，可弥补案例教学法的某些不足。

（一）模拟法庭教学的概念

"模拟法庭教学"是指在事先准备案例的基础上，组织法学专业的学生，在课堂中模仿实际法庭相关诉讼、答辩、调查等流程的一种活动式教学。它具有一般理论教学无法比拟的优点，通过"模拟法庭"这种更具有现场感和直观感的教学方式，可以进一步加深参与者对法律知识和司法程序的认知和理解，亦可以更好地提高参与学生对于法条的运用和把握。它更注重学生实践能力的培养、更有利于学生接纳吸收和理解知识，是法学课程教学方式的一种创新，在各大高校的法学专业已广泛应用。

（二）法学模拟法庭教学的特点

1. 真实性

真实的案例能够让学生身临其境，使其主动参与到教学当中，提高学生学习兴趣。为了突出实践性特点，真正做到与实践接轨，许多院校的模拟法庭课程都是以真实的案件作为背景材料。真实的案例主要来自三个渠道。其一是学院教师统一收集的司法案卷中的案例；其二是教师曾经代理过的案例；其三是近期媒体报道过的典型热点案例。这三种案例，可缩小学生对案例的距离感，让学生们体会到即将模拟的案例就发生在身边。同时，也有利于促使学生们关注时事热点，可以做到学以致用而非一味地纸上谈兵。因而在模拟法庭教学课堂中就需突破传统意义上的老师和学生在教学中的角色位置，学生们在模拟审判中可以扮演不同的角色，教师甚至只担任次要的指导角色，而让学生充分发挥主观能动性进行组织活动。在模拟法庭教学这样的法律实践课中，学生的兴趣较理论课更高，因而他们准备亦较为充分。这样的教学方式才更好地体现了"在行动中学习"教学理念。

2. 综合性

任何一个司法程序的进行都离不开法学基础理论作为前提，模拟法庭也同样体现这一特征。学生通过模拟法庭课程一方面可以更好地了解民事、刑事、行政案件的庭审程序，在理论课的教学中亦体现出这样一个特点——学生们对于诉讼过程往往无法在老师的言语教授中真正明白是怎么一回事，但是亲身经历往往有意想不到的记忆效果；另一方面通过模拟庭审过程老师和学生也可以发现和体会到法学基础理论知识教授、学习过程中的缺失。老师通过学生们的组织、辩论等表现可以迅速而准确地找准教学中的薄弱环节，在之后的课堂教学中可以补充讲解、完善知识。同学们亦可在参与中发现哪些理论仍然不足，而后进行学习巩固。同时学生们在模拟过程中不仅需要了解案情，熟知诉讼程序，还要克服紧张心理，锻炼庭审辩论的技巧和表达能力。在司法写作方面，学生在正式开庭前应按要求准备好相应的诉讼文书，如起诉状、公诉词、证据目录和说明、辩护词、代理词等。教师作为模拟法庭的指导主体在学生准备各种司法文书的过程中进行指导，不断训练学生的写作能力，令其掌握司法文书写作技巧。这种效果是传统课堂教学所不能达到的。

3. 实务性

在模拟法庭教学当中，由于学生各自担任不同的角色，因此必须像真正的法律工作者那样处理案件。学生接过具体的案卷材料后，首先要进行分析，了解案情及争议焦点，明确现有的证据及解决争议所需要的其他必要证据，并初步形成解决案件的方案或起草相应的文书，包括调查、财产或证据保全、诉讼等程序。不同的角色扮演必将赋予学生强烈的使命感与责任感，激励学生主动地、富有创造性地参与整个模拟法庭活动当中，这不论在巩固、利用所学知识，开阔学生视野，培养学生正义感方面，还是在促进学生积极思考，提高应变能力方面，都是十分必要且极富有意义的。

二、模拟法庭教学的步骤和方法

模拟法庭教学虽然具有很多优点，在各大高校法学专业亦是普遍运用，但是却并不像传统理论教学那样形成了一套较为固定和统一的培养方案。在有的高校，法学模拟法庭教学是作为诉讼法课程的实践课程而附加开展的，而有的高校是作为社团式的活动而进行组织开展的。因为没有一个固定的程式，所以模拟法庭教学在法学专业中呈现一种比较混乱的局面，并没有发挥出其应有的作用，故可以认为，应规范模拟法庭教学，根据模拟法庭教学的特点和要求以及现实中的成功做法，其开展一般遵循以下步骤和方法。

（一）模拟法庭教学的步骤

1. 明确模拟法庭参与主体的作用和任务

首先，明确教师的作用和任务。教师在模拟法庭教学中，总体上处于辅助地位，但也不可忽视。教师要明确，模拟法庭设置的目的就是让学生自己动手、动脑，所以不能过多干预学生对模拟法庭的组织和思想。例如，在模拟法庭的审判中，老师不应当用自己的观点、价值取向、看法来抹杀学生自己的想法等。但是不能较多干预也不意味着一味放任，教师毕竟有多年的实践经验，所以一般应当担任一个适当的引导者的角色。综合来看，教师应当发挥以下几个作用：①根据自己教学过程或诉讼实务中总结的经验，或者根据学生的推荐，结合学生学习进程以及学习能力，挑选出适合的案例。②对于所选取的案例结合难度进行适当地改编，使之更简练，问题更突出，更具可操作性。③将所选取并加工完毕的材料提供给组织者，并详细介绍，力求组织者首先把握住案例的焦点。④作为评委，对参加者的表现作评判。⑤在整个模拟法庭教学过程中对参加者进行必要指导。

其次，明确学生的作用和任务。学生是模拟法庭的主体，学生又分为组织者和模拟审判的参加者。组织者是协调整个模拟审判活动的枢纽，虽然在台前不能看见组织者精彩的抗辩陈词，但是他的作用在模拟审判中举足轻重，组织者应当积极在老师和同学之间进行沟通，及时发现和解决问题；应当综合判断参与学生的特点和能力分配不同的角色，在分工中尽量能面面俱到，使得更多的同学可以参与进来；应当协助老师搜集、选取案例，或者自行搜集、选取案例后供老师参考，并与指导教师一起对案例进行细致研究，确定诉讼程序开始的时间，确定首次提供给原告或被告的证据材料，充当某些部门、机构或组织，机动地处理某些"模拟"证据。其他担任相应角色的学生则应当服从组织者的安排，亦可适当提出自己的意见和建议，最重要的是一定要设身处地地将自己想象成所任角色，履行职责，不要使模拟流于形式。

2. 进行模拟法庭教学的具体准备工作

（1）选取并编写案例

模拟法庭是对案件事实及其争议的再现，故而选取案例显得尤为重要，案例选取中，应当注意案件应具有一定的复杂性。太简单的、事情清楚、证据充分、当事人又没有争议的案件，并不能体现一种抗辩，无法调动参与者的兴趣，更没有什么自由发挥的空间，不能够体现模拟审判教学的目的。同时，选取的案件应当符合法科学生的特点，一般表现为有较多的知识点的杂糅，这样，才能使学生运用到更多的理论知识。

（2）人员和分工

关于人员和分工，我们有两种建议：第一种，竞赛式的模拟审判。将学生分为四个组，两两对抗晋级后再由晋级的两组进行对抗，由评委进行评判，确定晋级小组进而得出竞赛名次。当然，关于评委首先应当由富有实践经验的老师担任，如果条件允许的话也可以请当地较为正规的律所的律师、法院的法官、检察院的检察官等出席担任评委。在进行竞赛式的模拟审判时，一定会有学生当作观众，在竞赛完毕时，亦可以由观众席的学生提问相关程序、法律问题等，由参加学生回答，参加学生不能回答或者答案不完整、错误时，由评委补充回答。在大的分组确定以后，每个分组内部应当中确定原告一至三个人，律师二三个人，法官简易程序时一人，普通程序时再加两名陪审员，再由原告根据案情选定被告。出庭人数可由各组自行确定。第二种，练习式的模拟审判，这种模拟审判往往是结合诉讼法课程而开展。言简意赅，练习式的模拟审判，主要是作为诉讼法课程的实践课，这种模拟审判最好以一个班级为单位展开。通常一个班级（人数参考：50 人）可以分为五到七组，每个组选取的案件可以由任课老师选定也可以由该组成员协商确定，选取的案件应当是难度较小，较为简单的案件。因为练习式的模拟审判主要目的在于熟悉诉讼过程，所以分组时应当让全班同学都能参与进来。评委方面，由相应的任课老师作为评委，在同学们模拟完毕，进行点评和纠正即可。

（3）案情介绍

在明确人员和分工及案件的选取后。教师应当根据案件材料向小组成员综合介绍案件，案情介绍应当简明扼要，重点突出应当重点说明在案件真实审理过程中需注意的问题，说明案件证据取得的不同途径及时机。对于重大事件应着重介绍并且要分清证据是由原告主动提供的还是由律师在案件进展过程中要求当事人或对方提供的。对于对方所提供的证据，由于无法知道证据取得的先后，指导教师则需要介绍所见到某一证据的时间先后顺序。案情介绍方面，以介绍清楚为原则，老师或者组织者切忌不可过于充分的提供案情，以避免模拟审判流于形式，且这样也不利于参与的学生积极探索和认真准备。

（4）案中跟进

案情介绍落实完毕以后，就开始由每组的组织者带领小组成员进行模拟审判相关事宜的准备。在模拟过程中，当事人、代理律师和法官等之间，一定要严格遵守相应的诉讼程序，不能因为一时的表演欲而进行事前沟通。我国高校法学专业中的模拟审判比赛大多都落入了表演形式，这也是现在"模拟审判教学"亟待解决的问题之一。表演形式的模拟审判，就像是一出精心准备好的话剧一样，它除了能带领学生熟知最基本的诉讼的程序以外，并不能锻炼学生的思维、口才、应变能力。这样的模拟审判不是我们所追求的，因为它不能体现"模拟审判教学"设置的初衷。所以，在准备过程中，组织者甚至负责老师都应当进行跟进，在同学对所扮演的角色力不能及时给予适当的提示和帮助，对整组的情况应当有整体的把握和了解，切实保证模拟审判教学的效果。

（5）案后总结

模拟审判的落脚点，应当是案后的总结。在模拟过程中，同学们可以学习很多东西，进行思维和口才等方方面面的训练。但是最后的总结却可以帮助梳理问题，明确值得肯定的进步之处和尚待提升的不足之处，可以起到事半功倍的效果。总结应当先在各小组内部进行，然后在全班进行说明，最后由老师进行相应的补充。我们不能只将眼光放在所模拟的案件之中，所以总结是必要的，"模拟审判教学"一定是要跳出所模拟的单个案件而有所收获，这样学生才可以完成能力的转换。

（二）模拟法庭教学的方法

在上述的介绍中，我们对法学模拟法庭教学的概念以及步骤进行了详细的介绍。但仅有步骤还远远不够，如果仅关注步骤而不进行具体方法的研究，该教学模式最终仍无法落实。我们应研究完善其详细的操作方式。只有将步骤与方法协调结合起来，才能发挥模拟审判教学真正的效果，为我国法制建设提供高素质人才队伍。结合国内外的模拟法庭教学经验，从可行性、有效性出发，我们对模拟法庭的教学方法提出了以下设想。

1. 加强学生案情掌控训练

任何一个案件，对其案情的掌控是分析的前提，也是我们运用法律逻辑思维去解决问题的基础。如果不精确掌握案情的整体，就会出现对整个案件把握偏差或不能全面准确理解的问题。就目前我国高校的实际模拟法庭教学的操作看，往往是教师布置一个题目，并将所有的证据和线索都告诉学生，有些甚至连最终的审判结论都已下好。但是对于如何从证据与线索推导出最后的结论却没有要求。这势必导致学生顺着答案的思路走，其对于案件的整体把握是根据最终结论反推出来的。如果是要应付学业考评，这是可行的。但是技能训练的目的是应对和适应将来的职业生涯，假如实践性教学对学生不进行这样素质的训练，将来学生从事实践就将浪费大量时间重新学习，法学教育就没有完成应有的教学任务和培养目标。

案情掌握应分三步训练，首先由学生自身进行案件分析总结；其次等到学生对案件有较为充分的了解后，再开展集体谈论的互动，这样学生可以发现自己对案情掌握中不全面、有偏差的地方；最后再由教师进行总结，具体要对每名学生在分析和讨论过程中的不足予以分析和评价。通过以上方法加强学生对案情的掌握能力，有助于学生的法律逻辑思维的形成。

2. 法律文书写作训练

法律文书写作是模拟法庭教学无法避开的环节，但由于模拟法庭教学重程序、演练和内涵的提升，忽视了对法律文书的写作指导和要求或者沿袭了理论教学的习惯，只灌输"如何写作的理论知识"，不加强切实写作能力的训练。我们建议模拟法庭法律文书写作训练，应当增加写作数量与类型的要求。只有多练、多接触，才能让学生真正掌握此类技能。教师在对学生的指导中，应对常见的错误，写作技巧等进行归纳和总结，对学生进行有针对性的训练。

3. 加强学生法律逻辑推理能力的训练

法律作为一门社会学科，其最重要的特征便是有着自己独特的思维方法与推理形式。在法律问题的处理过程中，要用到的法律逻辑推理形式与我们日常生活中的问题解决所需要的推理方式完全不同。一般而言较为成熟的逻辑推理模式，应包括以下环节：①确立案件中产生了何种法律关系；②明确这些法律关系之间存在着什么关联；③明确各方当事人由此法律关系引出的权利义务；④分析各方当事人法律关系有无发生变动；⑤总结归纳各方当使用应当承担何种责任。当然每个人的思路不同，法律逻辑思维的路径可能有所不同。因此不一定拘泥于某一种法律思维模式，只要能够运用法律原理或规则合理高效的解决问题，得出所需要的结论，那便是我们所需要的。

4. 培养学生细节与证据运用的能力

在学生对整个案情以及法律逻推理的大致环节有了思路和理解后。接下来就是对学生细节和证据应用能力的训练。具体方法如下：①教师应提供多种不同类型的证据，不点明给予的证据是否有用。让学生经过自己的分析，通过对大的案情的把握来筛选有用的证据以及细节。这样能够最大程度地达到与真实案件相似程度。学生也可以通过筛选观察的锻炼，提高甄别信息的能力。②教师应当要求学生对每个证据与案件关系的联系形成一套合理缜密的证据链。由此一来，学生能够体会到证据是如何与真实案件有着关联性。这样能够增强学生运用不同的证据相互佐证的能力，对学生以后参与诉讼案件审理十分有益。③教师还应当培养学生自身获取证据的能力。虽然因为模拟法庭教学本身的限制，学生不可能切身的去寻找证据，但是教师可以通过给学生描述一个场景，通过要求学生换位思考如果是自己处于那个环境该如何获取证据，然后教师对学生所忽略的知识点来进行补充，由此提高学生的证据获取能力。

5. 真实庭审过程的训练

在经过上述训练后，学生对于参加法庭诉讼已有了充分的准备。剩下的便是让学生切身体验庭审过程。对于这一环节，教师最重要的目标便是让学生充分展示准备的成果。所以，在庭审过程环节中教师应做以下工作：①教师在开始模拟法庭过程之前，应当对于参加模拟法庭教学的学生的准备工作进行调查，让学生明白这不是一场表演，而是真正的法庭审判。对扮演角色的学生的理论知识掌握程度以及运用能力有大概的了解。只有事先让参加模拟法庭的学生做好充足的准备，才能发挥模拟法庭最大的作用。②在法庭陈述阶段，教师应当给予学生自主发挥的空间。对于学生存在的不足应及时在学生表演过程结束后提出。这样可以保持模拟法庭的连贯性，缓解学生的压力与紧张，更好地使模拟法庭辩论达到预设的效果。③在法庭辩论阶段，教师应注意引导和把握。这是整个模拟法庭最为重要的一个环节。学生之前的准备阶段的成果都将在此呈现。学生的法律逻辑思维、辩论能力、细节掌握分析能力都在此得到充分的展示与培养。因此教师应当作好对次环节的整体把握工作，对于节奏过快或者双方辩论的重心偏离案件，又如辩护者的情绪过于激烈等突发状况，应当及时阻止并加以引导，保持整个辩论过程的有序性。

6. 合理科学的评价机制

在模拟法庭教学中，教师应采取与传统的理论教学对学生考评不同的评价办法。不单纯考察学生的记忆能力，而是考学生的综合能力，考评应从模拟法庭一开始便进行，直至最后庭审结束。只有这样，得出的结论才能是全面、真实的，能够反映学生的真实水平。学生也能通过老师的评价明白自身的不足，积极加以改正，进而发挥法学模拟法庭的作用。

三、法学模拟法庭教学的运用和问题

虽然模拟法庭教学在很多高校都已开展，是我国较为成熟的实践性教学模式，但在实践教学依然存在一些问题。

（一）模拟法庭教学的运用

法学模拟法庭教学在我国是在近些年内迅速发展起来的实践性教学模式。最早在清华大学、北京法学、武汉大学展开。通过多年发展，我国各大法学院校均开设了模拟法庭这一课程。例如，对于刑法、民法这种基础的法学学科已有开设"模拟法庭教学"课程。原因在于：首先，刑民案件是生活中的高发案件，许多法科人才在离开校园进入社会以后也主要进入这两个行业。也就是说，学好刑法、民法，掌握必要的刑民诉讼程序，对无论将来做法官、检察官还是做律师的法科学子来讲都是必要的；其次，"模拟法庭教学"的功能就是帮助学生理解诉讼程序，更好掌握相关法律知识，而对于法科学生而言，刑法、民法不仅仅是法律人必须掌握的基础学科，亦是两个很复杂、很琐碎的学科，故对其开设"模拟法庭教学"课程可及早让学生感知真实案件的多变和复杂，进而开拓思维，当然，现在的很多法学科目，如知识产权法、经济法等也开始蓬勃兴起，虽然它们都与民法具有一定的关联性，但在具体操作上，这类案件更为专业和复杂，对于其设立"模拟法庭教学"这样的课程也是有必要的。总之，模拟法庭教学在我国日渐成熟，而且正在逐步开展区域性以及全国性的模拟法庭竞赛。

（二）模拟法庭教学存在的问题

"模拟法庭教学"对于我国法律人才培养的作用毋庸置疑，对于学生的实践能力的锻炼以及法律理论知识的反哺作用也很大。但由于"模拟法庭教学"在我国发展的时间还不长，其本身还存在诸多的问题。在分析总结我国"模拟法庭教学"的现状的基础上，认为该实践性教学模式存在以下问题。

1. 没有形成规范的制度体系

无论任何一种法学教学模式，其实施都必须有详细的大纲以及缜密的教学体系。对于教学模式的运行步骤、实施计划，以及最终的目标都需要严格、科学的制定。如果没有规范的教学体系，则必然会出现教师难以把握教学目的、教学内容，出现教学活动的运行不规范等一系列问题，这对教学要求、学生考评等工作亦会产生不良影响。我国现阶段的模拟法庭教学因其本身发展时间较短，并没有一套成熟、完善的教学体系与之匹配，大多数都是各个院校自己制定规范。这便造成在我国存在着多种模拟法庭教学体系制度的局面，由此会导致各个院校更多只关注自身的发展，而缺少兄弟院校的交流和统一协调，使原本不够完善的教学体系各自为政，更难形成全国较为统一的模拟法庭教学模式和配套制度，一定程度上延缓了该教学模式的完善和发展。

2. 过于注重审判环节

在我国的司法实践过程中，诉讼过程包括起诉、受理、证据交换、开庭审理以及法律文书的执行环节。但就现阶段来讲，高校的法学教师过于注重开庭审理环节，对于起诉、受理等环节往往都是事先规定好或者根本不提及这些环节。长此以往，便会导致学生仅对开庭审理环节了解掌握，而对于除此之外的其他过程缺乏体验。真正的司法实践中，重要的不仅仅是审判环节的严肃、认真、到位，还有审判前的取证、案情的分析以及案后的执行等环节准备或落实。常常会在旁听或者观摩真实案件的审判中发现，律师的慷慨激昂、法官的严肃认真、公诉人的疾言厉色往往会造就一场精彩的审判。但是亦有一句话"台上一分钟，台下十年功"，如果我们设置模拟法庭教学这门课的意义仅仅在于带领学生学会审判环节的那套程序，而不注重让学生同样关注在之前和之后的诉讼阶段，那么学生就不会知晓怎么去搜集证据，作为律师怎么去会见当事人等。也会给学生们灌输一种思想，最为重要的就是审判这个环节，而之前之后的环节都可以不管不顾，这大概是中国"执行难"的思想根源之一。

3. 演练性效果较差

模拟法庭教学的演练性效果差也是该教学模式的重要问题之一。导致该问题的原因有很多，最重要的一点便是教师本身对于模拟法庭教学并没有很好的把握。许多高校参加模拟法庭教学的学生，其模拟过程早已被教师规定好，有些甚至连辩论言辞都是经过反复演练的。这样不必要的过度指导导致培养出来的学生只能熟悉诉讼程序，真正的法律实践技能例如辩论、应变能力都难以得到提高。法学模拟法庭教学成为了一种形式上的表演模式，而非是培养学生实践技能的教学模式，这与法律职业不确定性与挑战性的特征和实战要求相去甚远。这样的模拟审判，只是达到了我们所追求的模拟审判的皮毛还未达到其教学的精髓。

4. 指导教师的素质需要提升

我国传统法学教育模式采用的是分部门的法教学体系。对于大多数教师而言，其自身往往仅从事某一部门法的研究，他们对与之相关的其他法律的掌握程度有所欠缺，但模拟法庭教学涉及民事诉讼、刑事诉讼、行政诉讼模拟法庭等，部分还可能涉及涉外诉讼，再加上参与这些模拟诉讼的过程中，仅仅掌握诉讼程序的法律法规是远远不够的，还要掌握与之对应的实体法。而我国目前高校对于法学模拟法庭制度往往采用一名教师负责全部过程的方式，这就导致参与模拟法庭教学的教师指导其自身也没有掌握熟练的知识，从而大大地影响了模拟法庭教学的效果。

四、模拟法庭教学的改进和发展

（一）根据学生所学知识结构调整教学计划

模拟法庭是对法学理论知识进行综合应用的一门实践性课程。如果没有较为完善的法学基础知识，特别是三大诉讼法学知识，学生将难以在模拟审判中真正领会课程内涵。而目前高校模拟法庭课程的教学计划并不一致。一些院校在大二第一学期就开设模拟法庭课程，而此时的学生并没有完整地学完民法、刑法、行政法以及三大诉讼法。这使得学生在模拟审判过程中缺失部分类型的案例的演示。因此，我们建议调整教学计划，应将模拟法庭课程在大三第一学期开设。这是因为此时学生已经学完了法学主干课程，特别是三大诉讼法课程。这时开设模拟法庭课程有助于学生更好地将所学的知识运用到模拟法庭中，实现知识的反哺。

（二）模拟法庭的庭前准备工作要充分完整

在组织开展模拟审判时，教师要指导学生完成各项庭前的准备工作。包括庭前的起诉状的撰写、证据目录的整理、递交起诉状附随的证明、立案通知书的内容、告知当事人合议庭组成人员和开庭时间、进行庭前证据交换等庭前工作。当然，由于是模拟的，部分过程可以简化，以学生掌握为原则。其目的是让参与的学生加深印象，重视庭前准备工作，并掌握庭前准备工作的重点。

（三）避免模拟法庭教学流于形式

模拟法庭课程的目的之一就是让学生尽可能地感受到庭审的真实场景。因此在教学过程中应当全面复制现实庭审。一是要加强硬件建设和投入。如模拟法庭基础设施、审判过程中的道具等方面的建设。二是要增加学生的参与程度。从一些模拟法庭课程的统计数据来看，一个行政班一次模拟审判中约有40%的学生能够参与。如果将审判的各个环节都重视起来，都能够按照实际审判的流程去操作，参与度能够达到60%左右，除去刑事诉讼被告、法警、书记员等功能较弱的角色，实质的参与度应当在55%左右。因此，应当避免部分学生由于所担任的角色较轻而流于形式。今后指导老师应当降低分组模拟的人数，尽可能让每一位学生都担任模拟审理当中重要的角色以达到锻炼能力的目的。当然，为了避免使模拟法庭教学流于形式，还应当重点注意以下几点：①选择案例要尽可能真实并具有一定争议性；②准备阶段应选择分组讨论，提倡独立思考；③严格规范诉讼文书，内容应反复推敲；④评价体系应当综合考虑综合评价。

（四）选任有丰富的实务经验的指导教师

挑选的诊所教师应具备以下标准：首先，要对模拟法庭教学的内容和目标有比较全面的了解；其次，要具备一定的法律实践经验；最后，要有高度的工作热情、法律职业责任感和严格的自律。挑选的指导教师，主要从自己学校正在从事社会兼职的老师中选拔。这些教师一方面有丰富的教学经验，对自己学生的特点也比较了解，指导起来更加方便、有效。另一方面他们对法律事务也很了解，能够更好地指导学生办案。模拟法庭实践课只要予以规范和适当的引导，一定能帮助各大院校提升法学专业技能的水平。

第三节　法律诊所教学

一、法律诊所教学的概念和特点

"法律诊所教学"于20世纪60年代在美国的法学院兴起，作为一种新的教育方法，其借鉴了医学院学生在临床实习中的诊所式教学。当时的美国法学界逐渐认识到了实践的重要性，因此逐渐建立了一种在导师的指导下，学生通过代理刑事、民事等案件，积累经验的新的教学方式。在此过程中，导师会为其提供一些帮助，但大多数的工作是由学生自身来完成的。学生会经历与当事人接触、代写法律文书甚至代理案件，逐渐掌握如何写文书、如何调查取证以及一系列诉讼过程中会面临的事宜，从而真正掌握书本上的知识。为何法律诊所教学能成为世界各国法学教育体系中不可缺少的组成部分，主要在于其有下几方面的特点。

（一）教学中以学生实践为首要目标

不同于传统法律教学中以学生仅为配角的教学模式，法律诊所充分重视锻炼学生的实践技能，从而使学生能熟练掌握专业知识，例如证据的分析以及推理能力、与法官、当事人、对方辩护者的社交技能以及法律文书等材料的写作技能。因为不像传统法学教育那样，导师不会给出唯一答案。因此可以最大限度地激发学生的积极性，使他们能全身心投入到法律的学习中来。传统的法学教育模式重点在于法律理论知识的灌输，法律诊所教育则以实践技能训练为首要目标，通过师生互动、丰富的场景变换、角色代理、案件处理等方式培养学生的实践技能。从而缩短学生毕业后步入社会从事法律实践工作所需要的适应时间。

（二）案例动态真实

传统的法学教育及其他实践性教学和法律诊所教学大多都使用真实案例，但他们所采用的案例资料却大相径庭。前者，学生对案例的了解往往来自课本，接触的是已经发生的案件。教师通过文字表达案情，由于文字及理论教学的局限性，学生难以对整个案情有充分的了解，难以设身处地地为当事人着想，也就无法增强其职业责任心。但通过法律诊所教学，学生接触的是活生生的正在发生的案例。相比从书本上了解案情，法律诊所教学以更生动鲜活的案例使学生能融入其中，不再像理论教学那样证据和事实都被清楚的列明，从而使学生缺乏积极性。

（三）方法多样利于参与

传统的法学教育是教授在台上授课，学生则被动地接受知识，师生间缺乏交流，学生间也缺乏必要的讨论。学生大多数时间是在课堂上听老师授课、摘抄笔记。甚至在仅有的实践课，比如模拟法庭课堂讨论，由于材料以及答案都是教师事先设定好的，学生只要顺着老师的教学思路便可回答教师自己设定的"标准答案"，这会将无法激发学生的积极性，容易造成学生学习上的惰性，以为仅靠听讲便能够应付以后所遇到的实践问题。而法律诊所教育则不设立"标准答案"，能让学生充分发挥思考能力，考虑所有的案情与细节，不再担心是否会答错，最大程度上培养其法律思维。法律诊所教育使学生能接触整个诉讼过程，不像传统的法学教育单纯的以课堂教学为主，它能采用多样的授课形式，例如模拟角色训练，学生通过模拟律师、法官、当事人等诉讼参与人来切身了解整个诉讼过程；再如合作学习式教学，破除了以往课堂上单一的个人学习的封闭性，使学生能相互学习，培养团队合作性。法律诊所教育改变了传统法学教育中"教师传授学生机械式接受"的模式，在学生直接代理案件中，他们会遇到许多课本上难以碰到的现实问题。这无疑会调动人解决问题的积极性，充分发挥主观能动性，让他们不再被迫学习，而是主动寻求知识。

（四）多环节多角度考核

在传统的法学教育中，教师往往对学生的评价是以学生的考试成绩为主。单纯地考察学生的记忆能力对学生以后的实践是不利的，但这又是不可避免的，由于传统法学教育自身的传授方式单一，其本身没有其他环节供教师考察。而法律诊所教学则不同，整个案件处理过程都可以算成一场测试，因其涉及整个诉讼环节，从而使法律诊所教育可以从多个角度评价，例如学生与案件当事人之间的交流了解环节、法律文书的写作环节、证据调查环节、法庭诉讼环节等多个环节经行考评。避免了单纯的记忆考察使学生形成学习惰性，仅凭考前突击来应付考试。多环节、多角度的考核能够切实帮助学生了解自身，明白自己的优势与缺陷，利于学生更好地完善自己的不足，真正获得实践能力。

（五）教学相长

不同于传统的法学教育有着"标准答案"，法律诊所教育有其自身的灵活性与多变性。因法律诊所教学的突发事件较多，法律诊所的教师便不可能预先设定教学计划。这就要求教师有比学生更强的应变能力，因为在法律诊所教育中，当遇到学生难以处理的事件时，教师必须给予学生必要的协助。教师也不再机械式教学，也要向学生一样了解案情，进行法律分析。教师通过这些过程，也会逐渐提高其法律实践能力。

（六）现场教学

传统的法学教育场所主要是在课堂，单一的环境导致学生易疲倦。法律诊所教育则有多种教学地点，像法院、检察院、律师事务所、看守所等地点，多样化的现场教学地点可以保持学生的积极性。通过将学生置身于真实的环境中，让学生切身的体会案情与细节，还有利于教师在特定的场所进行针对性的指导。这样的方式培养出的学生，远比传统法学教育培养出的学生有着更强的适应性和扎实的实践功底。

二、法律诊所教学的步骤和方法

我国传统法学教育的重心在于法律条文的解释与法学理论的传授，所采用的案例教学方法也是在课本的限定中方便学生加深对法学理论与条文的理解，并没有进行实践技能的培训。这就导致学生的理论功底基础较好，但实践动手能力差的状况，由于无法做到理论联系实际，学生最终获得的理论知识也往往一知半解，无法做到真正的理解与掌握。诊所教学可传学生亲历案件审理的全过程，是一种真正意义上的真刀实枪的实践锻炼和实践课程。在总结了国内外成功的法律诊所教学经验的基础上，认为法律诊所教学应当遵守以下步骤。

（一）法律诊所教学的步骤

实践教学部分则是在教师的指导下，学生通过亲自与当事人接触，参与到整个诉讼环节，从案情的咨询到法律文书的写作，再到最终的开庭诉讼，这些过程应当全程都保证学生能够参与其中，由此将学生在课堂教学中所学的知识真正的运用出来，并熟练掌握运用。

1. 教师制订详细的教学计划

在进行法律诊所教学之前，教师自己应该先做一个详细的教学计划。如果没有一个科学的、合理的教学计划，必将导致接下来的教学过程不够周密。难以发挥法律诊所教学的真正功能。教师的教学计划应当从以下三个方面入手：①明确此次教学活动的目标，主要完成实践活动的目标、达到某项技能锻炼的目标以及学生如何才算完成目标的标准；②对参加诊所教学的教师学生参加时间等作出明确安排；③对可能涉及的法学理论知识以及法学实践技能提前予以了解，避免在实践教学过程中慌乱出错。

2. 完善的课堂教学机制

正如上文所提到的那样，在进行实践之前先对学生进行课堂教学，能够让学生先学习法律实践技能的理论部分，为接下的实践夯实基础。在此阶段教师的教学内容应与传统理论教学重视法条的解析与法学理论的教学不同，法律诊所的教师在这阶段应当教授学生法律实践技能的理论知识。教师从自己的实践经历出发，不再以书本上枯燥的知识作为教学资料，将自己从实践中得到的心得与技能教给学生。

3. 选择案件与学生

法律诊所教学不同于传统的法学教学那种封闭式自助学习，教学要与社会接触，并且要对当事人负责。如果法律诊所教学的负责人没有对所接案源的难易程度把关，从而导致学生接受的案件过于复杂或简单，过于复杂学生会拿不下来，勉强位置也会导致办案质量差，当事人不满意，这样对当事人的利益还是对法律诊所教学声誉都将受到不良的影响，这是我国赞同法律诊所教育的人所不愿看到的。

并且仅对法律诊所教学的案源监控还是不够，还要对参与案件的学生进行筛选，避免给学生超过其能力的案件。这样，我们便需要在课堂教学进行到一定阶段时，对学生的理论实践技能的掌握程度进行评估。教师从一开始便记录学生的实践表现。通过多种课堂教学培训，教师能够很快发现每个参加法律诊所的学生其实践能力处于何种水平。在整理好学生的实践能力水平资料后，教师也将合适的案件交给合适的学生，从而既让学生最大程度地得到实践技能的培训也可避免当事人的利益受到损失。

4. 学生自主办案

法律诊所教学的目的在于培养学生的自主实践能力，因此在具体的实践过程中，教师所扮演的仅是学生的指导者，而不是案件的参与者。教学中必须充分给予学生自主权去处理案件，避免因为教师的介入影响学生的实践能力培养。通过学生自主的开展实践活动，在没有教师给予整个案件的主导作用，学生虽然会在开始阶段遇到一些实践问题，但这都是正常的。学生会在每次经历问题以后想方设法学习和请教，逐渐掌握实践技能，更深层地体会到法学理论知识，并且培养出独立思考的精神和法学逻辑思维。从而完成法律诊所教育的设立希望达到的目标。

5. 全面评价

在全部的法律诊所教学环节结束以后，指导教师不应当直接结束此次的诊所教学，还需要对学生在活动中的表现作出评价。具体评价方式可以认为应当有别于传统评价方式，不应采取仅靠指导老师一人的评价来决定一名学生整个诉讼过程。这无疑对学生是不公平的，所得出的结论也会有失公允，这是由于每个指导老师精力有限，不可能对学生所有环节的每个细节都有了解。指导老师能够做出评价的范围也仅仅是他能够看到的部分，所以难免会片面。因此就需要建立法律诊所教学处理案件小组的反馈制度。处理某一类案件的小组应当定期反馈自己的处理情况给法律诊所里没有处理此案件的成员，让全体成员对其处理过程以及结果进行监督。并且配合小组成员之间的评价以及小组成员自身的评价，全方位的对学生的表现进行反馈，从而得出较为客观全面的评价。

（二）法律诊所教学的方法

1. 小组合作的方法

传统的法学教育大多都是学生以个体的方式在学习，能够相互协作的环节很少。这也是我国目前的教育体系所导致，单纯的记忆能力的考察不需要学生太多的合作。但随之而来的便是学生之间团结互助的能力的缺失，在进步入社会后难以与他人形成一种相互协作的关系，面对一些复杂的案件仅靠个人的能力是无法处理的。因而这一方面的能力也是我国法律诊所教育应当注重培养的。况且参加法律诊所教育的学生大多都是在校学生，本身并没有很强的法律实践能力，有些连最基本的法律理论知识都没有掌握。如果要求他们单凭个人的能力去处理法律诊所接受的案件是不现实的，因此我们的观点是法律诊所教学应采取团队小组合作的方式。教师通过对每个法律诊所教学的学生的分析，了解他们擅长和不足的方面。通过不同类型的学生相互组合，更好地处理案件以外，还可以锻炼他们的社会交往能力，因为法学作为一门实践性学科，学生工作以后参加实践必将与他人接触。通过法律诊所教学可提前使得他们培养与不同人交往的合作能力，能更好地让学生在毕业后尽快融入社会。

2. 全体参与和部分负责的办法

我国的法律诊所教学还处于刚起步状态，学生以及教师的素质并没有到达到国外成熟法律诊所教育的标准。快速提高参与者的素质的首要条件便是接触大量的案例。因此可以认为，高校的法律诊所接受一个案件以后，首先应让全部师生都对案件有大概的了解，这样不仅可以让整个法律诊所参与者尽量多接触案例，还可以方便学生与教师以后进行交流。在知晓案例以后，法律诊所的负责老师指定一个法律诊所小组来对其负责，并让其定时反馈自己在案件处理过程中的情况，能让整个法律诊所的成员都对其保持一定的关注度，这种方法可以最大限度地解决我国目前教学资源、资金缺乏的问题。

3. 教师与学生面对面交流

在学生经历一段时间的资料收集、证据调查后，教师应该定期的与学生开展一对一的交流。交流的内容在于学生这一阶段的调查内容以及接下去的调查方向，并且应询问学生为何这样做，他的案件处理思路是什么。法律诊所教学的宗旨是培养学生的实践能力，但这并不意味着在学生实践的过程中不给予任何帮助与指导。因为学生在进行法律诊所研究办理案件是一个培养实践能力的过程，对于某些案件学生自身还无法处理，或者由于其理论知识的局限而陷入误区。这时便要由指导老师对学生进行校正，使其大的方向上不要偏离，进而充分发挥法律诊所教学的作用。

4. 多层次评价

我国传统法学教育中学生的评价是以学生书面答卷为对象，给成绩后评价即结束。学生之间的相互评价缺少学习之后的反思。老师仅凭成绩评价学生往往是片面的，有时候甚至不公允，这样不仅会挫伤学生的积极性，学生也难以通过此类评价发现自身的不足。从而导致传统法学教育形成一种恶性循环，学生无法知道自身的缺点而无法改正，教师也因无法正确了解学生存在的问题进而对其进行指导或改进今后的教学。法律诊所教学将建立起一种事后评价的机制，在每个案件有个人负责的同时及时反馈给整个法律诊所成员，这样使得全体成员对案件都能保持关注。然后在案件诉讼程序全部结束的时候，由案件处理小组成员对整个法律诊所成员进行案件汇报。案件处理小组以外的法律诊所成员在听取小组汇报以后对案件处理小组成员做出公正客观的评价。然后在由负责此案件处理小组的指导教师给出对小组的总体评价和各组员的评价，接着还应当由各个小组成员对其他组员在案件处理中的表现作出评价。最后，各个小组成员进行自我评价和总结。通过以上 4 次评价总结，可以全方位的对整个小组以及各个组员在实践过程中的优缺点给出客观切实的评点，能够全面反映小组成员的实践表现。这样有助于参加人员不仅了解自己也能互相取长补短，更好地提升实践技能。

三、法律诊所教学的运用和问题

(一) 法律诊所教学的运用

目前，法律诊所教学方式逐渐被各法律院校接受和运用。从 2000 年开始，在美国福特基金会的资助下，先后在北京大学法学院、清华大学法学院、中国人民大学法学院、武汉大学法学院、中南财经政法大学法学院、复旦大学法学院和华东政法学院这 7 所高等院校尝试运用诊所式法律教育方式开设"法律诊所教育"选修课程。经过十几年的发展，我国开设法律诊所教学的学校已经 50 多家院校，几乎涵盖了所有国内著名大学的法学院以及政法类院校。

(二) 法律诊所教学存在的不足

1. 法律诊所教学定位不准

经过改革开放后几十年的法学教育发展，我国法学教育规模和招生数量非常庞大。保证每个学生都能进行法律诊所教育和训练不现实，这决定了法律诊所教学只限小范围通过选修课的方式开展，那种试图以诊所教学替代传统理论教学的想法和定位是不恰当的。

2. 经费和师资困难

外国大多数法律诊所教育的开展都有特定的资金来源，例如美国的福特基金。但我国国内却没有这种稳定的资金来源，大多依靠学校自身的资金来维持，这就使得资金量难以满足我国庞大基数的法律诊所教育所需。另外我国法学教师大多专门从事法学教育研究工作，很少有教师在从事法学教育的同时还从事法律实践工作。可法学诊所教育要求培养学生的实践能力，这便需要指导教师自身也必须有着较强的实践能力。实践中教师的缺乏难以满足法律诊所教育的要求。

3. 缺乏必要的教学方案和评价机制

我国现在法律诊所教育所采用的教学方案多是国外所使用的方案，缺乏与我国法学教育的融合适应性较差。其主要体现在以下方面：①法科学生在校学习仅为短短的几年，其间还要应对各种考试，例如司法考试与研究生考试等且集中在大三、大四阶段。因此，我国本科生无法像英美等学生一样在拥有一定的法学知识储备以后再参与法律诊所教育。我国法学本科诊所教学时间不足或存在冲突。②指导教师与法律诊所教学也有相冲突的地方。数十年来的传统法学教育已经形成了一套完整、科学的管理考核方法，我国教师的考核和评定职称以教学课时数、论文数量等硬性指标来衡量。教师参加法律诊所教学将会花费大量时间寻找案源、制定计划、指导学生，但这些付出并不能给职称评定带来好处，也就是我国没有形成一套针对教师从事法律诊所教学的评价制度，导致教师缺乏积极性。③我国法学教育在传统的教学模式下已经形成了一套完整的教学计划、教学大纲、学生评价等规范的制度和标准。而法律诊所教学属实践教学，采用的学生为主、教师为辅的新方式，教学目标、教学内容、教学环节等有自己的特点，过去的教学规范和标准难以适应诊所教学的需要。而新规范还没有形成，这给教师的教学活动带来诸多困难和障碍。

4. 学生身份受限制难以深入参与

我国不同于外国，在校大学生难以取得律师资格，并且法律诊所机构也无律师资格。同时我国的法律法规对于非律师的代理人并没有给予较多的权利，使得学生在参与诉讼的过程中受到很大的限制。仅以公民的身份来参与诉讼过程，会导致其在案件调查、询问当事人等方面受限，难以真正的参与其中。

5. 社会认同度不高

社会对于参加法律诊所教育的学生还不够信任，因而有经济条件的诉讼当事人一般选择具有资格的律师事务所代理案件，而我国目前对缺乏经济能力的诉讼当事人有着较为完善的救济制度，因此法律诊所常常难以获得足够的案源或者仅仅获得较为简单的案源，这使学生难以获得足够的锻炼。

四、法律诊所教学的改进和发展

我国法律诊所教育是从外国借鉴和引进的，虽然其在我国的发展前景良好，但想要短期内与我国目前的法学教育相融合不切实际，只能循序渐进的完善与改进。针对上述我国法律诊所教育存在的问题，结合我国法学教育实际，我们提出如下改进意见。

（一）明确法律诊所教育的补充地位

由于我国人口基数大，法学教育资源紧张，如果想要用法律诊所教育模式完全代替传统的法学教育是不可取，这也不现实。在我国目前乃至未来十几年的法学教育发展中，应将法律诊所教育定位于对传统教育模式的补充，定位于我国法学教育体系中的一个分支而不是将其作为主干发展，目的在于弥补我国法学本科教学中的不足之处。

（二）完善法学诊所教育的物质基础

我国目前法学诊所教育模式受困于资金，因而导致规模与数量都无法与当下的教育需要相匹配。要想搞好法律诊所教育，必须有独立且充足的资金来源为其提供物质保障。无论是教学的场所还是管理人员、专门知识的教学人员，都需要一定的资金来支撑。对此，我们建议可以从两方面来着手解决：第一，政府财政应当对其提供一定的帮助。政府可以设立专项的资金来缓解学校发展法律诊所教育中的资金问题。第二，学校本身也应积极寻求资金的来源。例如，寻求社会基金会的支持，从而扩充教育经费。另外，也可以适当的与当地的法律援助中心合作，因为就现阶段国外较为成熟的法律诊所教育模式来看，法律诊所承接的案件大多是本地案件。就目前我国法律诊所学生代理案件的能力还未被社会普遍认同的情况下，要想获得足够的案源难以保障。所以我国法律诊所教学发展的方向应当是重点面向需要法律援助服务但是没有支付能力的当事人。这样既可以发挥法律诊所教育的社会价值，同时由法律援助中心为学校提供案源，学校可以节省寻找适合学生案源中投入的大量资金。

（三）采用"双导师制度"

法律诊所教学模式不仅要求教师具备丰富的学科知识，也要求教师拥有实践经验。但我国法律师资现状是理论教学与法律实践相脱离的。教师将主要精力花在课堂理论教学和科研上，很少有精力参与法律实务工作。而且这种现象短时间内无法改变，要想实现法律教育工作者与法律实践者相结合需要漫长时间。由此，"双导师制度"，它指的是学校与当地法律援助中心相结合，由学校提供一位理论教师和法律援助中心提供一名实践导师。对于学生在实践过程中所需的理论知识由学校教师来负责讲授，而实践中出现的一些操作问题则由法律援助教师来解决。这样不仅能够解决我国法学教育中师资难以达到法律诊所教育所需要的标准的问题，也可以使学校教师与法律援助者相互交流、互相学习，加快我国实践型教师的培养。

（四）建立合理、行之有效的教学方案与计划

想要发挥实践教学模式的最大作用，仅仅为其提供物质基础是不够的，如果没有一种行之有效的制度无法发挥其真正的功效。不同于传统的法学教育，法律诊所教育重点在于培养学生的实践能力，目标是让学生在实践中学习并熟练从书本上学到的知识。这便与我国传统的法学教育方案有着本质上的区别，因此也导致我国数十年来所采用的本科教学方案无法采用。而完全借鉴国外时间的教学方案难适应我国的实际和需要，因而建立起一套符合我国目前法学教育形势的法律诊所教育方案与计划是必要的。

这种方案不能单纯凭想象提出，应充分借鉴我国已有的一些较为成熟的教学方式。我国本科教育阶段对于学生的实践主要集中在模拟法庭、社会实践和毕业实习等，这些方案虽没有形成相互关联的系统，并且由于自身的原因缺乏应达到的效果。但如果能够借鉴这些方案，并且建立起能够使这些方案相互联系起来的运行机制，再在此基础上完善与发展，相较于凭空想象，那便较为轻松。法律诊所教学本身便是教导学生如何完成法律实践中的一整套步骤。正如我们上述提到的，我国的传统法学教育则是将这些过程分散开来，从而导致了较强的随机性，难以形成系统的联系。另外，在上述中提到国外法律诊所教育模式与我国存在最大的不同之处便是在于我国的本科生在大三、大四的时候专注于司法考试。这便导致在国外较为普遍的在学生拥有一定的知识储备后，也就是大三、大四才采用法律诊所教学，在我国则存在时间上的冲突。我们建议我国本科教育可以提前进行法律诊所教育。虽然这样会加大学生的负担，但对于那些对法学学习有着浓厚学习兴趣并且勤奋学习的学生来说，这样也可以提高他们的自学能力，更加深对知识的印象。

（五）政府应当建立一套制度来与法律诊所教育相匹配

我国目前的法律法规并没有给予对于非律师的诉讼代理人较大的代理权限。再加上我国本科在校生难以取得律师资格证，从而使得本科学生在证据调查、询问当事人方面会受到限制，无法使得学生充分的参与其中。这会使法律诊所的作用大打折扣。鉴于此，我们建议我国的有关部门可通过修改相关的法律法规，给予参与法律诊所教育更多的诉讼权利，为其提供制度上的保障。

（六）加强宣传提高人们的法律诊所教学的认知与认可程度

法律诊所教育无论是在国外还在国内，都有无法回避的问题，那便是社会对于参与法律诊所教育水平的学生素质难以信任。对于一些复杂、有借鉴意义的案件，当事人大多会找有专业执业资格的律师事务所来代理，无经济能力的当事人也会选择法律援助中心来获

取法律援助。这便导致法律诊所教育获得的案件往往是简单的案件，难以使得学生得到充分的锻炼。可以认为虽然上述提到的与当地法律援助机构合作可以解决案源的问题，但是如要从根本上解决此类问题，在于消除人们对于法律诊所的误解。政府学校以及社会媒体应当加强对于法律诊所的宣传，从而使得人们能够信任法律诊所的师生水平。

第四节　法学辩论教学

一、法学辩论教学的概念和特点

法学教学的方法多种多样，除了前面提到的案例教学、模拟法庭教学、法律诊所教学法之外，法学辩论教学也是重要的一种教学方法。法学辩论教学有提出问题、分析问题、总结问题等思维过程，是推行素质教育、培养法律实践性人才的需要，更是法学教学方法的推陈出新。法学辩论教学方法是教师通过组织学生对有争议的法律问题进行针锋相对的辩论的方式来展开教学。在这一过程中，教师要发挥引导学生思辨的作用，而学生也要开动脑筋，从正反两面对问题进行分析思考和总结。这一实践性教学方法的特点主要有以下几种。

（一）对抗性

辩论就是双方围绕同一个问题从完全对立的两个方面展开阐述，都试图说明自己的观点正确，对方的观点谬误、不合逻辑。在彼此相互被质疑和反对中，两派学生精神高度集中、思维高速运转，搜肠刮肚寻找有利自己的法律依据和观点，这中间必然在观点上交锋和对抗，由此使学生在棋逢对手、刀光剑影中训练法律思维，提高语言表达能力，培养团队合作精神。

（二）参与性

辩论教学方法在实践过程中离不开学生的参与。在讲授式教学中，学生往往是被动吸收知识的一方。而在辩论式教学中，学生被分成观点相左的两个阵营，各自以小组为单位，组员为本组辩手献计献策，帮助他们收集资料，大家齐心协力从自己的论点出发，运用法律知识反驳对方观点，在观点的碰撞中，争强好胜的学生们都不愿意被对方驳倒，所以大家积极性和参与度很高。教师起着辅助引导作用，让持正反观点的学生们都能充分发表意见，以理服人并提醒学生们应注意仪表和风度等，其他放由学生表现。总之，辩论教学是通过鼓励学生积极参与，激发其学习热情，促进其对知识的理解和运用。

二、法学辩论教学的步骤

（一）教师提出辩论问题

提出一个有意义的辩题是法学辩论教学法的重要一环。教师所提的问题应当针对学生已学的知识和法学原理，并且选取具有创新和典型性的辩题。这些问题一般是围绕法学各部门法的重点内容且争议性较大，争论双方都有很大的论证发挥余地。如果论题在学界已有定论，反对质疑观点少，这种辩题对一方学生就不公平。所以辩论应由教师在深入研究和了解学术现状的前提下提出。就像海森堡说的，"提出正确的问题，往往等于解决了问题的大半"。只要教师注意积累和研究，这样的辩题很多，如《知识产权法》有"合理使用是否为免费使用"、"著作权和邻接权是否应竞合"、"是否应该引入著作权延伸集体管理制度"，"公共政策和专利法哪个对技术发明作用大"等，这些问题正反方都能收集到充足的资料，找到自己的论据。

（二）组织学生准备

将学生分成两个组，每个学生各选出一个组长和四至五位辩手。组长负责组织小组成员查找资料、确定辩论方案，发动大家集思广益。组长还要和教师及时沟通交流，反馈本组成员的问题，获得教师的指导。教师应充当好"引导者"的角色，帮助学生做好准备，如指导学生做分类卡片、使用法律工具书、整理已查阅的资料等。

（三）双方辩论

当堂辩论不仅是辩论教学的表现形式，也是辩论教学的核心。辩论活动由教师事前组织，双方辩手按照程序在课堂上进行辩论。辩论过程中双方辩手要把握辩题的方向，不能在某个无关紧要的问题上纠结或钻牛角尖。这就要求教师在辩论中起好辅助和引导作用，教师要营造出良好的课堂氛围，从而利于所有的学生参与到辩论中来。让他们都能围绕辩题进行思考，避免课堂辩论成为少数人表演的舞台。当然，教师对一些有失偏颇的观点在总结时应加以指正，从而让学生在辩论过程中对法学基础理论有一个正确的理解。辩论是一个思想碰撞的过程，学生在辩论过程中能锻炼口才，提高综合素质和能力。

（四）总结和评价

总结和评价是辩论教学的最后一个过程，也是需要重视的环节。辩论中双方辩手激烈争辩，展现出敏捷的思维。辩论后，教师要鼓励学生对辩论过程的问题进行分析，指出存在的缺点。由于学生不是专业的辩手，因而难免存在诸多问题和缺点，重要的是学生要对问题和缺点进行改正，这样才能使自己的综合能力有所提升。在这个过程中教师要引导学生进行发问，对正反双方的观点进行总结并提出问题。同时教师要对辩论中的知识做系统的归纳总结，帮助学生加深对理论知识的理解和运用。在教师总结之后，学生可以通过撰写分析报告或小论文的形式对辩论过程作出自己的总结和评价，从而帮助学生梳理知识，发现学习薄弱点，同时也能帮助教师发现教学中存在的问题以及时完善。

三、法学辩论教学的运用和问题

目前，法学辩论教学已在许多高等院校使用，这种方法对于提升学生学习兴趣，加强师生互动有重要意义。但是，由于辩论教学具有很强的对抗性，对学生的临场应变能力、逻辑思维能力、表达和知识积累等方面要求较高，加之临场学生辩论投入，情绪比较容易激动，教师还需要对辩论流程、规则等进行把控。根据高校辩论课开展的情况，我们发现该教学模式还存在以下问题。

（一）师资和教学方面的问题

辩论教学的操作性很强，不仅需要教师和学生之间的配合，更需要场地的支持和专业老师的指导。辩论的成功与否在于辩手在辩论过程中展示的风采，即学生的论辩能力和举手投足展现的礼仪风度，这些都需要下大功夫和气力训练，学校并没有投入与之相称的师资。在教学方法中，由于教师的教学方法大多固定，很多并不适合直接拿来使用。而且由于课时紧，辩论教学从准备到课堂实践花费的师生时间和精力很多，如布置和辩题需要一至二个课时，课堂辩论及总结又需要二至四个课时，这样一来，出于教学进度的考虑，法学辩论教学往往很少进行。要解决这个问题需要学校加大对辩论课程师资和课时的投入，有条件的学校可以直接单独开设实践性辩论课程，使师生不再囿于上述问题的困扰。

（二）辩题的选择存在问题

辩题的选择是辩论教学中的重要环节，而辩题的好坏，直接关系到学生的学习兴趣以及辩论的发挥。但由于辩论教学对辩题选择要求较高，需体现目的性和价值性。目的性就是指在通过对辩题的思辨要达到一个怎样的目的和结果，支持和反对的观点都有鲜明的目的性；价值性是指通过辩题让学生理解讨论这个辩题的理论和现实意义。但是由于一些教师获取辩题的渠道有限或学术积累时间短，常出现选取的辩题在几年前已经使用过，比较陈旧，学生在得到这样的辩题后，往往在网上一搜，就能找到论点和论据，这样学生就会缺乏思考动力。此外，辩题也可能比较简单，这样也不能促进学生思考，达不到辩论教学的目的。一个适合的辩论题目是能够引起学生分歧、体现法律复杂性的问题。所以，辩题的选择对教师的科研能力提出了更高的要求，这方面教师还需不断提升素质。

（三）学生参与意识不强

法学辩论教学需要学生积极踊跃参与才能体现教学的目的。学生参与度低直接影响教师的教学热情。出于各种原因，学生对法学辩论这类教学实践并不积极，如高年级的学生忙于应付司法考试、考研；学生习惯于被动吸收知识，思维常由教师引导，缺乏独立思考能力，致使学生在参与这类实践活动时缺乏自信，害怕辩论过程中出现"冷场"丢人。此外，学生之间缺少默契和合作等，最终导致辩论教学不能很好地达到教学效果和目的。

（四）总结评价不够深入

对学生辩论的总结和评价是辩论教学的最后一个环节，需要教师和学生的重视。但由于组织这项活动花费的时间长、精力大，到了最后一个环节往往虎头蛇尾。赛后的总结和评价本是学生学习知识的重要途径，但是由于请到的点评嘉宾对法学知识并不十分了解，点评难免以胜负来论英雄。许多教师对辩论并不熟悉和擅长，其评价对学生的指导作用十分有限，很多学生花费大量时间参与却不能获得与之相称的回报。而且，正是由于总结和评价不够深入，导致辩手为了追求辩论的精彩，辩风上向花哨和诡辩发展，从而远离了辩论的精神和初衷。

四、辩论教学的改进和发展

随着法学实践教学的推进，辩论教学也不断地在实践中发展，在我国辩论教学通过两种方式进行：一是作为课内实践教学的组成部分，教师根据授课内容有选择地开展；二是作为课外实践活动开展，通常由学院或团学组织发起开展，范围影响大，但使用频率低，一般一年一次。不管哪种形式，辩论教学在取得良好效果的同时也存在前述种种问题，在这里我们也提出几点改进的方案以利其发展完善。

（一）开设法学辩论课程

我国相当部分的法学毕业生就业于法院、检察院、律师事务所等单位。作为一名法律工作者，辩论能力的培养是十分重要的，辩论是其基本业务技能，加强培养学生的辩论口才对推进就业也具有重要意义。因此，学校应加大师资投入，设置专门的课程并由专业方向的教师来进行辩论能力的培训。除此之外，还应结合文学、经管等学科的教师共同指导，融日常指导和赛事点评为一体，促进学生论辩能力的提高。

（二）选取有代表性的法学辩题

辩题的选取对辩手的思考和发挥有着重要作用。一个简单的辩题不能促进学生的深入思考，一个陈旧的辩题会降低学生的参与热情。因此，教师对辩题的选择应体现出时代和生活特征，应选择发生在身边，学生有切实体会的事件结合法律问题加以辩论，如以"兰州苯污染"事件作为辩题让学生从各方面思考，然后选择"关于民生领域是否应让外资进入"、"政府监督还是民众监督"等辩题进行辩论。教师对辩题的选择要经过精心思考，做到不落窠臼。有代表性的辩题能促进学生的思考，激发学生的学习热情。选取有代表性的辩题要求教师在教学过程中勤于思考，善于发现问题，从而使辩题能很好地达到教学目的，提高学生的竞争力。

(三) 设置奖励机制，提高学生的参与度

学生的参与度直接决定着辩论的质量。教师精心准备辩题，学生不愿参加，会挫伤教师的教学改革积极性，更使学生错过一次很好的锻炼机会。为吸引学生，教师引入一定的奖励机制是必要的。这些奖励并不需要太大，只要能激发学生热情、鼓励学生参与就可以。比如提前准备一些学习用品、优胜者奖励证书等，在辩论结束后对参加的辩手进行奖励。荣誉感和成就感会提高他们的信心和热情，以后再组织学生就会积极参与。此外，也可将参与的表现和程度作为成绩考核的依据。通过这些激励措施，可鼓励更多的学生参与，让辩论课促进实践教学的开展。

(四) 采用多种评价机制

单纯的嘉宾点评，由于受职业和知识面所限，有些点评并不能很好地帮助辩手发现、解决问题。这时，可以通过加进学生自评、互评来帮助每位辩手发现问题。自评由每位辩手自己做出，旨在对自己的辩论感受以及存在的不足做出评价；互评由其他辩手或观看同学做出，旨在发现辩手的优势和缺点所在。加进自评和互评能让每位学生都参加进来，从而增强学生的主动性和参与度，更好地达到学习的目标。

总之，辩论式教学法能很好地培养学生的综合素质，锻炼各方面的能力，是培养高水平应用型法律人才的重要方式之一，并能够解决以往讲授式教学方法中存在的一些问题。但在现实使用中，由于诸多因素，该实践性教学模式存在这样那样的问题，还需师生努力，不断完善和改进，让这一灵活易操作且成本投入较少的实践性教学方式发挥更大的作用。

第五节　法学情景教学

一、法学情景教学的概念和特点

法学情景教学是指通过情景再现来反映案情的一种实践性教学方式。情景教学一般由某个案情引出，通过学生扮演寻求法律救济过程中的当事人、律师、法官等角色，引出欲

解决的问题来进行教学。通过表演激发全班学生分析探讨的热情，从而学习和运用相关法律知识，这种教学模式的特点主要有以下几点。

（一）小课堂反映大社会

情景教学反映的是在社会生活中出现的各类案情。这些案件表现出当事人、律师、法官等角色的各种活动，复杂多变，这些案件搬上课堂，不仅给了学生一个锻炼胆量、发挥创意进行演绎的机会，也让全班学生感到新奇，从而激发其深入了解案情、讨论案情的热情。通常情况下，学生了解到的案件都是过去时，而情景教学将其时间提前到了进行时，这正是情景教学的魅力所在。没有长篇的文字描述，仅仅是学生的动作和语言，便将繁冗的案件浓缩成一个生动的故事，使小课堂反映出了大社会，同时也让学生找到学习的乐趣。

（二）案情的演绎性

法学情景教学要求教师根据案情创设出一个"情景"，让学生在设定的场景里进行角色扮演，从而引起全班学生的兴趣，促进学生的思考来达到教学目的。案情的演绎性，是情景教学与其他教学方法最大的区别，也是情景教学的灵魂所在。正因如此，情景教学能让学生摆脱对教师的习惯性依赖，从"要我学"变为"我要学"，把被动学习变为主动学习。在教师讲授式教学中，很多学生都不愿思考，只等教师给出标准答案。而在情景教学中，教师变成了旁听者，只对相关事宜进行指导，并不会给出答案。具体须由学生来进行演绎。在准备过程中，学生要根据具体案情对情景进行设想和设定，把握角色的心理活动和职业特征，从而完整地铺陈出法律问题，激发起全班同学的思考。

二、法学情景教学的步骤

我国传统法学教学注重的是法律条文的讲解以及法学理论的传授，这种教学方法存在的问题就是学生主动性不强。而在法学情景教学中，教师分配任务给学生，学生需要发挥自己的主观能动性来完成任务。情景教学在实施过程中，大多是围绕一个话题展开的，这个话题中包含了多个法学理论知识。法学情景教学的目的就是要通过一个话题来对这些知识进行梳理，从而让学生对法学理论知识进行归纳和逻辑化的过程。其步骤和方法有以下几点。

（一）教师提前布置任务

在法学情景教学过程中，首先需要教师要提前布置任务。教师可以准备一些适合作为情景教学的案例，做出情景教学的教学计划，如要先对学生进行课堂教学，让学生先学习法律实践技能的理论部分，为接下的实践夯实基础。然后对参加的学生进行安排，让其提前分配角色演绎案情。教师对情景教学选取的案例最好能接近实际生活，让学生愿意去切身体会和参与。

(二) 分配角色再现案情

法学情景教学的任务并不轻松。在这一过程中教师所起的是辅助指导作用，其他的发挥主要由学生自己来完成。这就需要学生之间通过默契配合来完成任务。法学情景教学过程中以学生为中心，学生要对角色扮演进行分配，对人物的台词进行组织，对整个情景教学的流程进行把握。因此小组的团队合作是不可缺少的。如成员需要做好角色分工、问题讨论、表演配合等，尽力将社会情景和法律问题呈现出来，在此过程中综合能力得到锻炼。

(三) 教师评价指导

在情景教学过程中，学生难免会出现诸多问题，这些问题有些是在学生对情景教学的准备阶段，有的是在展示过程中。教师作为情景教学的策划者，需要做的就是让参与的学生理解和把握教学目的。在准备阶段，教师要向参演的学生说明情景教学需要展示的法学理论和知识，并对情景教学过程中涉及的专业性知识进行指导。由于教师在情景教学中起辅助的作用，因此对问题的解答应"点到即可"，不宜深入解释，因为这是锻炼学生思维的过程。而在情景教学展示之后，教师要引导班级同学对情景体现的法学原理进行思考并作出回答。之后，教师需要对情景展示进行评价，对知识点进行归纳总结。

三、法学情景教学的运用和问题

法学情景教学近几年开始受到关注，由于开展时间短和其自身，这种实践性教学方法在实际教学中并未发挥应有的作用。此外，情景教学本身在运用中也存在一些问题，表现在以下方面。

(一) 教师未处理好情景教学与其他教学手段的关系

在进行法学情景教学的过程中，经常出现的一个问题就是注重案例的分析而非情景的把握。情景教学的优点在于能从总体上把握教学中教与学的矛盾，将学生作为教学活动的主体，直接参与整个教学过程，进而最大限度地发挥学生的潜力，达到理想的学习效果。但在实践过程中，教师往往在学生进行情景展示之后就把注意力全部转向案例，而忽视情景教学中学生对法律问题的展现过程及对法律运用的不足，导致教师经常将"情景教学法"实际操作成"例证教学法"。情景教学重在发挥学生的潜力，例证教学则重在教师分析案例。两种教学方法中师生的作用完全不同，情景教学强调以学生为主，而例证教学依然是传统教学方法，以教师为主体。我们不排斥传统教学法，但是既然采用实践性教学方法，就要与传统教学方法有所区别，两种方法应取长补短但不能相互替代。

（二）学生缺乏主动性

受传统教学模式的影响，情景教学中，教师与学生不能处于平等交流的地位，学生对情景的讨论最终往往演变为教师对案例的讲解，情景教学无法摆脱讲授教学的影子。情景教学主要是对学生法律思维的培养，不经过学生自主的讨论学习，学生综合分析问题的能力以及实务水平难以提高。在教学的过程中教师和学生互动少，因此很多情景教学实施的效果并不令人满意。

（三）师资不能满足情景教学的需要

情景教学实施中需有教师的全程指导。而现实情景教学中，许多教师只是交给学生一个案情，让学生课下准备。由于缺乏及时和细致的指导，学生对情景教学的材料理解把握时常会出现问题。比如学生在进行情景展示时，对不能进行略过的地方进行了删减，而该简略的地方却突出表现，一些关键性的场景和法律问题没有呈现出来。同时，采用情景教学教师付出较多，但其劳动不能在工作量中得以体现。所以，情景教学这一比较好的全方位训练学生实际能力的方式不能经常被使用。

四、法学情景教学的改进和发展

法学情景教学和前面讲过的法律诊所教学一样，是从国外借鉴和引进的。实践中，法学情景教学发展十分迅速，但和我国传统法学教学的融合上仍然存在不少问题。对待情景教学需要不断创新，将其与我国现行的教学方法适当融合，促使其不断发展。针对上面提到的问题，可以认为可以从以下方面进行改进。

（一）紧扣教学进度

法学情景教学需要教师创设相关情景，情景创设的好坏决定着情景教学的质量。目前，很多教师只是挑选一些比较复杂的案例作为材料让学生进行展示，并没有考虑到案例材料的新鲜度，从而让学生觉得情景教学展示的内容过于陈旧，或是涉及的知识过于冷门。这样，学生的学习积极性就不高。可以认为应利用好手里的教材，法学情景教学反映的原理来自学过的知识，这样学生就能及时地对学过的知识点进行回顾和复习，从而提高学生的学习能力。

（二）表演应呈现法律问题

在学生扮演角色展示情景时，教师应加强指导，明确学生们在案情中的角色和任务，引导学生将注意力集中到如何呈现关键案情和法律问题上。表演是手段，学习运用法律知识，感知复杂社会，体恤当事人的维权之苦，体现法律公平公正精神是目的。不能过于关注表演的表情、服饰等次要因素，否则情景教学就成了电影学院的表演课程，与法学情景教学大相径庭。

第六章　法学实践性教学递进式教学

第一节　递进式法学实践教学的含义

一、递进式法学实践教学的特征

（一）总体特征

递进式法学实践教学所针对的是提升学生处置法律实务问题的具体操作能力，具有社会科学性质。这就决定了递进式法律实践教学最基础的组成部分是在理论课堂中更多地融入实际案例或者单独将实际案例分割出来组成独立课堂，这主要是培养学生将理论与实际相结合的基础转化能力。但与此同时，在社会实际中出现的各类法律问题、法律案件又往往不是完全符合实践课程讲授中的类别从属，都会因为所发生的具体时间、地域、当事人的不同而产生这样那样的新属性，因而递进式法学实践教学除了需要在高校课堂中设置实务案例的分析课程以外，还必须开展只能在现实社会中而不能在学术课堂里进行的社会性内容（主要是指以社会中人际关系和法律体系为基础而衍生出来的各种社会机制架构）的具体实践（旨在让学生对社会性内容进行认知、感悟乃至升华）。正如毛泽东同志所言：文科应该以整个社会为课堂，以人际关系与法律体系为基础的社会机制架构整体是数以十亿计的人在同一时间、空间中进行共同活动时自然形成的，绝对无法由少数几个人进行人为制造，也不能在学术课堂上准确复制，如果勉力为之，则只能将相关社会性内容进行机械性的格式化压缩，而其独有特点和核心内容则很有可能被阉割。因此，递进式法学实践教学的社会科学性包括将学术课堂社会化（即将实务案件和实务法律问题融入课堂教学）和与社会完全真实的具体实践两个部分。

（二）具体特征

相较于传统的法学理论教学而言，递进式法学实践教学具有以下具体特征。

1. 综合性

综合性主要体现在两个方面，递进式法学实践教学本身在教学内容与形式上是综合全面的，同时递进式法学实践教学对学生的培养也是综合全面的。递进式法学实践教学既重视学生针对实务案件、实务法律问题的背景分析能力、裁断处置能力和理论提升能力，也关注学生与经济社会发展相适应的思想观念、学习方法、行为模式和健全人格的培养。

2. 开放性

递进式法学实践教育提供了开放的教学环境、开放的教学队伍、开放的教学形式、开放的教学目标、开放的教学内容和开放的考核评价体系，学生面对的不再是纯理论化、纯模式化的法学历史、学说和结论，而是生动活泼、千变万化的社会实际所折射出的法律现象，学生接受的是与自身生活、学习环境融为一体的实践教学，这种身临其境的开放式教学在很大意义上提升了学生学习的主动性、实用性和认同感，是传统的法学理论教学不可比拟的。此外，递进式法学实践教学的开放性还体现在将整个实践教学管理搞活，即减少对实践教学相关时间、空间、人员、具体内容的限制，尽可能以学生实际需要为基础来灵活安排，因人而异、因地而异、因时而异地满足学生的训练需要。

3. 情境性

递进式法学实践教学主要包括现场教学与模拟教学。在现场教学中，学生会直接深入到与法学学科相关的各类工作场所中去，如安排学生到法院、检察院、仲裁所、律师事务所等具体工作岗位进行顶岗实习，真实参与社会事务的执行，通过耳听眼观的切身感受形成内化于心的思考和领悟，让现场教学不仅成为转化法学理论知识和运用法学操作技能的有效过程，也成为学生人格品性健全发展的广阔平台。在模拟教学中，递进式法学实践教学尽量将课堂内容贴近实务案件和实务法律问题，创设与社会实际尽量吻合的模拟场景。无论是现场教学还是模拟教学，递进式法学实践教学的情境性均能在一定程度上有助于学生养成一些重要观念和良好行为习惯以及体验某些理论上难以归纳的实际经验和灵活方法，进而养成适应社会需求的法律运用能力。

4. 主动性

递进式法学实践教学强调学生主观能动性的自由发挥，并保证其有"用武之地"，即在排除某些必须遵循的学术理论规范之外，递进式法学实践教学充分尊重并积极倡导学生将自己的所学所感运用到社会调查报告、学术科研项目、毕业论文上来，在题目、研究形式、研究过程的选择上提出自己的独到见解，这为高校学生主观能动性的发挥提供了广阔天地。递进式法学实践教学要求学生主动参与和体验具体实践，并在参与过程中验证法学理论知识、分析法律实务问题、解决法律实际问题；而教师在其中一般处于辅导地位，并不时时刻刻关注其具体操作，主要进行方向性的引导工作。

5. 创造性

递进式法学实践教学希望营造一个综合多样、独立开放、切合实际的法学实践教学活动环境，它可为高校学生提供大量的创造性活动的机会，为其创造力的生成和深化提供又一崭新平台。如顶岗实习、社会调查、毕业设计等都不再是盲目的、多次重复的"炒冷饭"过程，而是真真切切地要求学生自主运用基础性法律知识解决具有一定现实意义的具体问题，进而在实践中实现理论体系的提升和发展，使学生的创造性人格、创造性思维、创造性技能得到较好的锻炼和培养。

二、递进式法学实践教学的目标设置

递进式法学实践教学的目标设置简而言之就是对这一教学模式所期望达到的实际目的的预设，这是整个教学体系搭建中的重要环节之一。递进式法学实践教学的目标决定着从出发到结束的运行轨迹，并运用科学完备的评价体系帮助其在循环往复中渐趋完美，是开创者和体验者自我评价、自我完善的重要依托。因此，在递进式法学实践教学中，唯有制定一套合理完备的教学目标，坚持用教学目标引领方向，量化教学目标标准，将教学板块的设置、操作与教学目标紧密结合，才能真正实现递进式法学实践教学的稳步向前。反言之，如果不认真进行递进式法学实践教学目标的创设，或者哪怕在设置上出现一定偏差，便极有可能功亏一篑。具体来讲，递进式法学实践教学的目标设置主要包含以下两个方面。

（一）递进式法学实践教学总目标的设置

根据反映层次的系统性，法律学科的知识体系可划分为理论知识和实践知识两大板块，具体来说，理论知识是指经过官方教育机构研究整理后的系统化的法学本质规律和经验教训，而实践知识则是通过具体的法学实践得到确证并升华领悟的法学知识。二者在获取途径、存在形式、自身特性上存在明显差异，但又密不可分：法学实践知识是法学理论知识上升为法学素养和法律技能的必经之路，而法学理论知识是获取法学实践知识的基础性要素。

就目前而言，业已形成的高校法学教育模式多是以法学理性主义为基础，因而将法学理论知识的教授摆在了至高无上的地位，在实际操作中重理论而轻实践，一味遵循由法律理论到法律实践的单向循环。事实上，法学实践教学被当作法学理论教学的从物来对待，是法学理论教学的延伸和补充，没有自身相对独立的、完整的教学体系，甚至没有自己明确的教学目标。鉴于此，法律实践教学的发展必由法学教育观念的革新迈步，要充分认识到法律实践知识必须且只能从实践中获取，妄图以课堂教学来精研实践知识纯属"天方夜谭"，它需要学生长期与法律事务及其背后的人际网络进行交流才能以此为基础抽象提炼出来。之前，高校法学教育中过分强调理论教学，片面重视法学理论知识的掌握，而忽视实践教学，轻视法学实践知识的掌握，结果是导致学生中出现了"高分低能"的现象。因此，法学实践教学在高校法学教育中所占的比重必须加大，需要明确递进式法学实践教学总目标之一是传承法学实践知识。

1. 形成法学实践理性

法学实践理性是指在法学领域中人类应该如何处理人、自然和社会三者之间的关系，即在具体的行动中将既定目标与实际规律相统一的一种能力。其核心要义是解答法学视野中的世界为何、人为何以及人应当如何等问题，帮助人们树立法学实践活动的具体对象、主要目的和应当遵循的原则等，旨在促成法学实践领域中主客体关系的和谐统一。法学实践理性是在法学领域中"为自己立法"，其最根本的性质是在法学领域中求善、求合理，将自身目的与变化中的实际相结合进而改造世界。法学实践理性与法学实践活动是相辅相成、相互作用的。一方面，法学实践理性是法学实践活动的"大脑中枢"，支配着法学领域中的主体按照既定的目标轨迹能动地进行法学实践活动；另一方面，法学实践活动是法学实践理性形成发展的不竭源泉，法学领域中的主体只有在不断的法学实践活动中才能完成自身法学实践理性的"组装"，并跟随变化中的实际不断更新换代。综合来讲，递进式法学实践教学活动作为法学领域中教师与学生的自由自觉的活动，必须在法学实践理性的引导下进行，又要在一定程度上提升法学实践理性。

总体来说，法学实践理性是递进式法学实践教学总目标体系中的重要一环，旨在鼓励学生大胆地进行法学实践，并由此树立一定的法学实践理性观。第一，转变学生对于法学学习的既定感受和片面认识。在"应试教育"大行其道的整体氛围中，在校大学生通常只垂青于理论知识学习，往往忽视了法学实践的重要性，缺乏躬亲实践、开拓创新的实践理性精神。培养和提升学生的法学实践理性，要求学生信仰、推崇与接近法学实践，有利于转变学生业已形成的对法学学习方式的既定感受和片面认识。第二，帮助学生树立一定的法学实践理性观。法学实践理性观是基于法学基础理论与探索实践之上的对于法学领域中主体价值及目标追求的思考和认同，在递进式法律实践教学中，法学实践理性观的树立就是引导学生站在"第三人"的角度客观地、全面地、带有自身思考地去审视实践行为，实现学术目的、价值取向及道德伦理的"三位统一"，注重自身历史使命感和社会责任感的形成。

2. 培养法学实践策略

伴随着国家法治进程的日益加快，培养综合能力较强的复合型法学人才已经成为社会需求和高校教育的共同心声，这就要求高校学生同时具备扎实的法学理论功底和法学实践技能，并在此基础上能够熟练运用一定的法学实践策略，学会将"是什么"、"怎么办"、"怎么办好"三个问题综合起来考虑和解决。在递进式法学实践教学活动过程中，培养学生的法学实践策略就是要求其在明确法学实践活动目标的同时，学会根据具体实践活动的不同特性来选取最优方式解决实际问题。这可以极大地避免学生被动地接收模板化教育，防止学生盲目地照搬套用书本知识，帮助他们学会对比、学会反思，以求适应复杂多变的社会环境。

（1）形成法学实践策略

法学实践过程中面临的实务问题是与众多社会因素交织存在的，这就决定了它不可能与书本中系统归纳的学术分类完全吻合，需要运用一定的法学实践策略来加以分析和解决。但在实际生活中，法科类学生往往存在极强的"实践惰性"，在处理事务的过程中生搬硬套，结果往往差强人意。因而，在递进式法学实践教学过程中要合理设置课程安排，帮助其形成法学实践策略。具体来看，首先是帮助学生形成准确的目标意识，即能够在具体问题出现的"第一时间"抓住症结所在，并以此为"靶心"引导自身行为；其次是帮助学生形成理性的选择意识，即将法学理论知识、法学实践技能与问题实际特征三者相融合，合理运用法律条文及其透视下的执法程序，做到全面分析、多样考虑，进而"优中选优"地解决问题。

（2）优化法学实践策略

从实际出发，法律实务问题不仅不会与理论分类完全重合，还会随着空间、时间的迁移而发生变化，这就要求学生必须学会优化法学实践策略，在既定方案的执行中不断进行修正，实现运动中的"优中选优"。具体来看，首先是培养学生的运动思维能力，即帮助学生在接触法学实践之初就形成"问题不解决，思考不中断"的良好习惯，防止思维上的停滞不前；其次是培养学生的总结反思能力，即有意识地收集法学实践过程中通过反思得来的知识碎片，并将其与体系化的法学理论知识相结合，升华成为具有普遍参考价值的思维策略，以提升实践效率。

3. 提炼法学实践智慧

所谓智慧是教育的最高目的，真正的教育就是具体知识、技能和经验的本体化过程，帮助人们更加清楚地认知自然属性和社会属性相叠加的自我，并能够在现在和未来发展中必将作出的诸多转变面前不慌不忙，泰然处之。

在社会高速进步的今天，高校学生应当成长为知识的真正主人，这就必须将其实践智慧的培养摆在极其重要的位置，因为没有实践智慧就无法深刻理解时代的本质内涵，也就不能明确人之为人在这个世界中的合理定位和天然职责，更不用说用他们的所学所思去干一番有益于社会、有益于人类的事业了。另外，就递进式法学实践教学过程本身而言，其所希望达到的目标是高校学生能够自如地应对多变的社会环境，准确高效地解决并不规范的实务问题，这是有限的课程教学所不能企及的，必须在此过程中抽象升华为法学实践智慧，以智慧统率思维和行动方能知行合一。

递进式法学实践教学的总目标设置是递进式法学实践教学体系形成的重要环节，是为实现复合型法学人才培养所进行的建设性探索，它是由法学实践知识、法学实践理性、法学实践策略和法学实践智慧有机结合组成的，四大要素之间相互影响，缺一不可；法学实践知识是基础，解决方式问题；法学实践理性是内核，解决方向问题；法学实践策略是催化剂，在法学实践理性的制约下解决优化问题；法学实践智慧则是灵魂，当面对复杂新颖的问题时告诉我们怎样"以不变应万变"，从而创造性地解决问题。

（二）递进式法律实践教学课程目标的设置

法学实践教学课程不同，具体课程目标、单元目标与课时目标（单元目标与课程目标的逐级具体化）及其设置也就存在差异。基于此，我们并不具体探讨高校每一门具体法学学科实践教学的课程目标、单元目标与课时目标，而只就递进式法学实践教学整体课程目标（含单元目标与课时目标）的来源与确定进行一个理论性剖析。

1. 递进式法学实践教学课程目标的来源

递进式法学实践教学课程目标最基本的来源是主体需求、学科需求和现实需求三大板块。主体需求是指"完整的人"的身心发展的需要，即学习者人格发展的需要。学科需求是指法学学科在内涵上的充实以及在外延上的拓展。而现实需求，如从空间维度看，是指从高校所在地区到一个民族、一个国家乃至整个人类的发展需求；如从时间维度看，不仅指社会当下的现实需要，更重要的是社会变迁趋势下的未来需求。尽管不同学说针对三大基础来源本身关系仍然存在不同认识，当然除上述三大基础来源之外还存在其他来源，但在上述三者是递进式法学实践教学课程目标的基本来源这一点上人们已取得共识。

2. 递进式法学实践教学课程目标的确定主要分为以下四个步骤

（1）确定递进式法学实践教学课程目标的纵向层次

综合主体需求、学科需求、现实需求三者因素，评析递进式法学实践教学目标，纵向确定递进式法学实践课程目标的课时、单元、课程安排。

（2）确定递进式法学实践教学课程目标的领域分类

综合法学教育理念与学科价值指引，在充分考虑课程可行性、连贯性、覆盖范围和发散程度的前提下，建立递进式法学实践教学课程目标的领域分类。

（3）确定递进式法学实践教学课程目标的表现形式

依据递进式法学实践教学的目标取向，确定其"普遍性目标"、"表现性目标"、"创造性目标"的表现形式，并处理好三者之间的相互关系。

（4）确定递进式法学实践教学课程目标

在经历了纵向层次确定、横向领域确定和表现形式确定三个主要步骤以后，递进式法学实践教学课程目标的基本内涵也就随即确立下来了，进而便可具化为内容明确、体系完备的法学实践教学课程目标。

三、扭转实践教学"六无教学"的误区

法学作为培养应用型人才的专业，主要为我国法律事业的发展提供服务，因此需加强对学生实践能力的重视，构建以实践教学为核心的教学体系，做到理论与实际相结合，活

跃学生思维，激发学习兴趣，培养学生解决实际问题的能力，全面提升学生的能力素质。随着依法治国基本方略的确立，我国对法学人才的需求量越来越大，尤其是对有一定实践能力的应用型法学人才的需求。因而近年来，全国各法律学院都开始关注、研究法学实践教学；但由于课程设置尚处于探索阶段、教师队伍仍在组建过程中等一系列的原因，实践教学并没有走到一个基本符合各方面实际需求的合理阶段，相反还出现了这样那样的问题，阻碍着高校教学模式的进一步创新和完善。这些问题归纳起来主要体现在无引导、无目标、无过渡、无互动、无评价、无反馈六个方面，统称"六无教学"。接下来，本书就针对这六个方面如何解决展开讨论。

（一）从无引导到宏观把控

导者，引也。引导既是教学的基本环节之一，也是一种教学艺术。好的引导犹如行云流水，春风化雨，润物无声。反之，如果导入不到位或者没有及时导入而空谈法学实践教育的重要性，如"暴发户"一般地将高校学生推上实践教育的平台，那么固然能够看到形式上的一片大好，殊不知没有新意、没有悬念、没有谜底的教学是不可能吸引学生的，更谈不上如何有效、如何高效。因而，我们需要将法学实践教学从无序的"奔跑场"拉回最初的"起跑线"进行原理性考察，要更加明确地培养学生的理论知识转化技巧与实务问题处置能力的目标，将这一"靶心"作为宏观方向牢牢把控，并将这一主题融入理论教学的课堂中，让学生带着好奇、愿望和问题跨入实践教学的"金色大厅"。

（二）从无目标到有的放矢

目标是方向，是思路，没有目标的指引，任何教学都会褪变成为漫无目的的空言。法学是涉及社会结构方方面面的大社会学科，因而递进式法学实践教学的目标和方向也会随着所涉及社会方面的改变而改变，需要将更加明确地培养学生理论知识转化技巧与实务问题处置能力的宏观目标具体化、明晰化，要将学生主修法律学科的突出特点与这一学科在社会实务操作中的公检法、律师事务所系统具体情况相结合，以学生需要、社会需要为依据细化目标，做到实践教学中有的放矢。

（三）从无过渡到基础课堂

过渡是一种教学智慧，是能够深度剖析知识点相互关系的一种能力，这在递进式法学实践教学中体现得尤为明显，所谓过渡即为递进，即有阶段地形成基础，踏实前进。回归到实际，就是要做好理论课堂的兴趣引导和实践课堂的能力培养两方面，要试着将社会中出现的实际现象和具体案例放入法学理论知识讲学中，建立理论与实际的学术联系，引发学生的兴趣和疑问；进而认真设置与实践相关的课堂教学，以专题为学生讲解诸如社会调查的基本研究方法、公检法系统的基本办事流程等实践理论知识，帮助学生形成一定的实践操作能力，做好向现场教学的合理过渡。

（四）从无互动到动静结合

互动是应当贯穿教学全过程、实现教师与学生充分交流、做好课堂内容查漏补缺的重要方式，体现在递进式法学实践教学中就是要做好动静结合。法学实践教学的核心内容是学生的自主实践，在切实做、认真想的过程中实现整体素质的提升，因而"自主"是这一过程的关键名词；但同时，学生的思维体系和理论结构并不是绝对完善的，在实践教学过程中很有可能因为各种原因而偏离原有的轨道。所以，作为法学实践教学的主导一方，高校必须建立健全实践教学总结机制，要以教师为主导在充分保证学生自主性的前提下有计划地针对实践情况组织归纳总结，及时发现问题并解决问题。

（五）从无评价到实效检测

合理的评价体系是与明确的目标体系相对应的，以确保教学活动切实有效。传统的法学实践教学也有相应的评价机制，但主要是服务于学校内部体系的"失真"评价。递进式法学教学需要以贡献和能力为依据，转变以高校评价为唯一考量标准的内部评价方式，按照现实需要构建法律院校、司法机关、律师行业、法学研究机构和其他社会组织等多方参与的多元评价机制，并配套建立以学生综合素养为导向的学校评价模式和以实际运用能力为核心的学生评价模式，以实现高校教育与国际国内现实需求的全面接轨，引导学生全面发展。

（六）从无反馈到创新提升

如果说评价体系的合理构建主要是针对学校和学生的个人发展，那么反馈制度的形成则主要是针对法学实践教学体系的创新发展。任何制度的建立和健全总是一个漫长的过程，法学实践教学尤其是这样。因为首先法学实践教学体系在构建之初就必然存在各式各样的内在缺陷，这些缺陷只有在具体的运行过程中才能暴露反馈出来并被逐步解决；而同时更重要的是，法学实践教学是以整个社会作为研究对象的，社会中方方面面时刻处在变化中，一时的完备永远无法满足变化的需要，所以同样需要这样一种反馈制度将与法学体系运行相关的社会新特征及时传回，做到与时俱进。

第二节　构建递进式实践教学体系

一、实践性教学与讲授性教学的关系

随着教育改革和新课程理念的实施，有关于教学方式的探索开始日益频繁地进入社会大众的视野，而作为中国教育发展史上使用频率最高、使用范围最广、使用时间最长的教学方式，讲授性教学最能满足多样化学生群体的不同需要，最能保证学生课程设置的内容充实性和体系完整性，有利于在最短的时间帮助学生学习知识技能。讲授性教学具体来讲是指学生通过官方教育机构分类整理的学习材料直接学习人类科学文化发展的结论性知识，而不再重复演练人类认知、提炼有关知识的过程的教学方式。它具有省时高效的突出特点，有利于教师充分发挥学科知识内在结构的区分功能，帮助学生发展形成利用结论性成果的能力和习惯。诚然，这也会直接导致模板化教育现象的产生，但我们不能轻易地把讲授性教学与模板化教育画上等号。伴随多媒体技术越来越多地运用到课堂教学中，我们经常可以见到这样的场景：课堂演变成为多媒体屏幕与授课教师的另类互动：原本可以让学生亲手操作完成从而深刻认知自然规律的，却被逼真的模拟动画演示取代；明明是可以让学生通过文字内容展开丰富想象进而实现自我感悟的，却被统一的多媒体画面"绑架"。从教育的有效性来说，讲授性教学仍然是我们目前最有效的教学和学习方式，因此，教学方式的选择要注重学生学习的有效性，让学生用最短的时间、最快的途径掌握知识和技能。这才是值得每个教育工作者研究和思考的问题。

而相对于讲授性教学而言，实践性教学更加注重学生实际动手能力在课程中的运用以及学生实用技能在课后的提升，其所倡导的自主、合作、探究的学习方式正是教育改革所必备的，作为众多教育工作者推崇的探究性学习是一种以学生为主体的自我学习方式，它要求学生通过对学习材料或事实的假设、实验和体验，通过分析、思考和推测，自主地建构新知识，探索并发现规律。这种学习方式更重视学生的独立思考，更强调学习的过程，更利于学生的创新精神和实践能力的培养，由此导致一部分教师有意无意地放弃了传统的讲授性教学。

其实两者并不是互相矛盾冲突的。实践性学习的核心要义是帮助学生独立自主地去寻找具有探究价值的实际问题，并合理运用专业知识技能获取问题的内涵真谛。而对于促进学生的实践学习而言，讲授性教学的作用是基础性的，它不仅能够直接教授学生最基础的科学文化知识，更能为学生有目的地探寻问题和有步骤地解决问题提供理论支持和方向指引。这就要求讲授性教学在具体的操作过程中并不是将所有的结论性知识都直接通过讲授的方式传递给学生，而是在基础性讲授教学的平台上，优中选优地将部分具有探究价值的理论问题和使用技能放手让学生去认知和体会，让学生在投入性地理解知识的同时学会发现未知、解决未知的途径和方法。比如通过对事件背景、发展过程、历史结论之间的联系、自然现象与学科研究的关联与实践运用、科学理论与生活实际的相互转化的介绍促进实践性学习的开展。

同时，另一方面，在具体的实践性教学过程中，可以加深对讲授所学内容的理解，并将其加以运用，以真正做到学以致用。将老师的传授和课本上的知识真正地消化吸收，这比传统的教学考察方法更能够提高学生的兴趣，也更能够提高其专业素养。实践性教学还能够促进学生之间对于讲授所得知识的沟通与交流，从而在知识碰撞的过程中得到智慧的火花。

由此可以看出，讲授性教学和实践性教学是相辅相成的，而不是对立关系。由于课程体系设置的指向性和学习本体属性的差异性，每一种教学方式都具有其不可替代的价值优势和相对有效的适用范围，因而我们不能盲目地彻底否定一种教学方式，并妄图以另一种教学方式"完美地"将其替代。即便是实践性教学中也有讲授性教学的成分，也离不开教师的讲授。我们必须客观公正地评价讲授式教学，既要反对毫无生气的模板式教育，又要走出当前因一味追求所谓"新意"而完全抛弃课堂讲授的盲区。尤其是处在现今国际化大背景下，高端法律人才的培养迫在眉睫，本书所构建的实践教学体系在发挥实践教学特色的同时也开始注重对讲授教学的重视，既通过对理论的学习，也通过对案例的探究来加深理解；既有配套完善的实践基地，也有到法院进行相应的实习，以期培养出一批高素质的法律人才，为中国特色社会主义法制建设贡献力量。

二、实践性教学与毕业实习、岗前培训的关系

实践性教学的主要内容设置通常包含模拟教学和现场教学两个部分，法学实践性教学中模拟教学以具体的实务案件分析和基础的法律实践能力培养为主；而现场教学则主要是安排学生进入法检系统、律师事务所及其他法律相关领域进行岗位实习，其中毕业实习和岗前培训就是这一板块的重要组成部分。据此综合来看，实践性教学与毕业实习、岗前培训的关系可以从以下两个方面进行分析。

第一，实践性教学是毕业实习、岗前培训的出发点，并为更好地实现毕业实习、岗前培训的设置目标奠定基础。

首先，毕业实习、岗前培训是因实践性教学的产生而产生的，是为了使学生能够提前进入即将接触的社会领域，在具体的工作岗位上培养其将理论知识转化为专业技能的实际能力而开辟的新空间。其次，实践性教学整体影响着学生实践知识、实践能力和实践品性的养成与发展，也正是这些个人素养的形成才能推动毕业实习、岗前培训预设目标的更好完成。具体来讲，这些在实践性教学中形成的个人素养包含以下三个方面。

(一) 传授给学生法学实践知识

传承法学实践知识不但是递进式法学实践教学的出发点和根本途径，更是递进式法学实践教学矢志不渝的基本功能取向。递进式法学实践教学使得法学实践知识的传承突破了时间、空间的局限和个体直接法学实践经验的局限，学生可以在较短时间内耗费较少精力，顺利获得人类社会发展过程中演变传承的大量法学实践知识，为学生法学实践技能与智慧的形成奠定了基础。

（二）培养学生的法学实践能力

法学实践能力是直接影响法学实践活动效率的个性心理特征，是顺利完成法学实践活动的必要条件。法学实践能力既指完成某项具体法律实务问题的现有成就水平，也指个体所具有的法学实践潜能和可能性。通过递进式法学实践教育，学生能够在一定程度上学会应用和迁移法学实践知识，进而形成有助于解决法律实务问题的法学实践能力，并同时具有开发法学理论新知识、创造法学研究新方法的本领。

（三）培育学生的法学实践品性

法学实践品性是指人在法学实践领域除智能以外的其他精神能量的特点和倾向性。它主要包括与法学实践有关的人的思想意识、品德修养、情感态度、理想信念、价值观念、人格特点等。递进式法学实践教学对人的法学实践品性的影响与培育是必然存在的。法学实践知识的掌握、法学实践技能的形成、法学实践能力的提高都伴随着个体对具体法学实践及其过程的内在体验，学生置身于法学实践教学内容中，在精神、心理上必然会受到各种因素的影响。

第二，毕业实习、岗前培训是法律实践教学的重要组成部分和核心反馈点，对法学实践教学体系的创新完善具有重要的指引作用。

具体来讲，首先，毕业实习、岗前培训属于法律实践教学中的现场教学板块，因其是与法学学生以后所应该从事的社会事务部分完全吻合的，对于学生实用性社会技能的培养具有极强的指导意义，所以是法律实践教学体系中的必备内容。其次，正因为毕业实习、岗前培训的具体内容是安排学生参与到未来即将从事的工作岗位上进行实践锻炼，所以由此反馈回来的信息是与真正的社会评价相一致的，具有极强的参考价值，正确分析这些反馈信息中的优势和缺陷对于法律实践教学与时俱进地调整培养目标和具体内容设置具有重要的指引作用。

三、递进式法学实践教学的课程设置

目前，形式多样的法学实践教学正在我国庞大的高校版图上如火如荼地进行着，关于具体课程的设置主要有采用模拟法庭、审判观摩、专业实习三种形式。模拟法庭是模拟整个案件的庭审过程的实践性教学课程，主要是通过选用现实生活中具有典型性、代表性的案例，让学生分别扮演现实庭审中的各种人物角色，根据相应的程序法和实体法的各种规定进行模拟庭审。审判观摩是由学校主动地、带有教学目的地组织学生到人民法院实地观摩典型案件的具体审判流程的实践性教学课程，帮助学生在身临其境地参与庭审各阶段的过程中加深对实体法和程序法的认识、理解和掌握。专业实习是指在学校和单位的共同组织安排下，在校学生开始接触并从事一定的司法实际工作，以培养和训练其综合运用法学理论知识的能力，并借以提升其社会知识、工作技能和实践经验的实践性教学课程。

　　虽然上述多种业已成熟的实践性教学课程在巩固学生的法学理论知识、培养学生的法学实践能力、深化学生的法律素养和法学理念等方面起到了一定的正面作用，但是作为实践性教育的主力部队，其在实际操作中仍然存在一定的缺陷和局限性。以模拟法庭为例，其优点是显而易见的：首先，作为一种团队协作性要求较高的学生活动，模拟法庭可以有效地培养和锻炼学生的组织协调能力；其次，在模拟庭审的过程中，学生可以从不同的角度全面切入、分析、理解案件的具体情况，并思考自己所扮演角色的立场与利益出发点，努力地争取每一个最佳结果，正所谓"在其位，谋其政"。然而突出的优点也不能抹杀缺陷的存在：其一，模拟法庭的完整进行是以学生对实体法和程序法有一定的掌握为基础的，但是我国的法科学生大多是在大二才开始学程序法，所以低年级的学生是很难进行模拟法庭这一实践课程教育的，而高年级的学生往往迫于就业、论文与考研的压力而很少能够完整地参与其中；其二，即便参与模拟法庭的学生在基础法学知识技能的掌握方面已经非常完备，但是若要求其在极短的时间区间内深入透彻地理解并解决某个复杂的实际问题，其也只能"囫囵吞枣"地借鉴他人的理论成果以求自圆其说，如此学习显然不利于学生的长远发展；其三，模拟法庭本身具有较大局限性，其耗时多、角色有限，不能给予学生多次参与的机会，也就不能使学生有效地熟悉庭审实践。综上，传统的实践性教学课程在实际操作中确实存在诸多问题，针对这些实际问题，本书认为应当主要就以下两个方面进行改善。

（一）课程设置的三大模块

　　就课程设置本身来说，应当将递进式法学实践教学的预设目标细化，按基础技能模块、专业技能模块、拓展技能模块三方面进行实践课程的丰富。具体做法如下。

1. 基础技能模块

　　基础技能模块的设置旨在培养学生作为社会高层次人才所需掌握的基础技能，具体包括语言表达能力训练、社会调查能力训练、理论写作训练、疑难评析能力训练四大课程。

　　（1）语言表达能力训练

　　职业属性决定了法律工作者需要具备较强的语言组织能力和逻辑思维能力，所以开设语言表达能力训练课程是必要的。该课程着重调整学生在语言表达方面的体态、语调、语速等关键要素，并在此基础上提升其对语言的剖析能力和辩论技巧，通常以演讲比赛、辩论比赛等形式在本科较低年级开设。

　　（2）社会调查能力训练

　　社会调查能力训练是由法学学科的时代性和实际性所决定的，通常按照指导选题、预设提纲、实地调查、总结提升四个步骤依次进行，以期望发掘学生主动寻找理论与现实差距的内在动力，帮助其在社会生活中有所思、有所想，进一步了解法学学科的实际运用环境和显著问题。这一类课程通常安排在本科低年级的寒暑假期间，以便学生能够有足够的时间和空间去发挥其主观能动性。

（3）理论写作能力训练

理论写作能力训练主要是以现有高校普遍采用的学年论文与各类专业习题论文叠加组合的方式体现的，旨在教会学生如何挑选研究方向、拟定论文题目、查找理论依据并按照规范性格式完成一篇优秀的学术论文，形成良好的文字表达能力，为以后能够通过简练的文辞、清晰的层级说明更加复杂的理论问题做好铺垫。这一类课程通常安排在理论课程相对密集的大二、大三阶段。

（4）疑难评析能力训练

疑难评析能力训练主要是以课堂教学与讨论为载体，引导学生对典型疑难案例进行思考探究，由此调动学生的学习热情和动力，并教会学生如何去把握实际问题的主要矛盾和突破口，以求使得学生在解决实际法律问题之前便形成一定的分析解决能力，并掌握一定的科学方法。这一类课程一般分两类在大二、大三期间开设：在理论课程相对较多的本科二年级主要穿插在法学理论课程中来帮助专业知识的消化吸收；在理论知识相对完备的本科三年级便多以专题的案例分析课形式出现，旨在着重培养学生具体分析案件的能力。

2. 专业技能模块

专业技能模块的设置旨在在深化基础技能的平台上进一步检验和提升学生对于法学专业知识的掌握程度及处理实际法律事务的能力，基本由审判观摩、模拟庭审、法律咨询和专业实习四个板块组成。

（1）审判观摩

审判观摩笼统来说就是有目的性地组织学生走进真实的法庭判案现场，亲身用眼去看、用耳去听、用脑去思考、用心去体会，以熟悉各类案件的审判流程，认识双方当事人、审判人员、辩护人员的角色特点和功能作用，进而感知法律法庭的公正公平和法律人职业的神圣重要。课程的具体设置主要由学校根据法学理论课程的设置来搭配安排，通常按照先易后难、先民事后刑事的规律进行。

（2）模拟庭审

模拟庭审与审判观摩是实践教学"组合拳"的两个方面。后者在前，旨在流程与角色的熟悉；前者在后，旨在模拟进行具体法律案件的处理，主要是为了检验学生法律理论知识的扎实程度，并开始培养其将理论与实际相结合的能力。该课程同样需要与法学理论课程设置及审判观摩相结合，组织学生轮流担任案件庭审过程中的各类参与人员，从案件选题出发查找资料并按庭审流程进行审理，并由学生和观摩老师共同完成自评和他评，从而循环提升。

（3）法律咨询

法律咨询是指学生在专业老师的引导下，通过开设面向社会大众的法律咨询平台等方式，对多样的实际法律问题进行义务解答和探寻讨论的实践教学形式。该课程的设置首先是帮助学生迈出走向社会的"第一步"，让他们"管中窥豹"般地对以后即将应对的实际问题有所了解；其次，这些实际问题的出现有利于将学生引向对理论知识的反思并敦促他们将这些知识实地转化成为解决问题的方法和能力；最后，法律咨询是培养法学学生社会责任感的最有效途径之一。该课程可以依托学校里形式多样的学生组织，以志愿服务的形式进行实施，遵循老带新的模式，选取知识体系较为完备的大三学生作为中坚力量。

（4）专业实习

就当前而言，专业实习基本已经纳入法学学生的学习计划中，采用的方式也较为一致，以高校和司法事务部门共同策划实施为主导，安排在校学生跟随法律工作者从事具体案件的分析处理，熟悉规范流程，学习实用技能。该课程可以有效实现学生从理论人才到实用人才的合理转化，不论是对于继续留在高校深造的还是即将进入工作岗位的学生都具有十分重要的价值。该课程通常设置在本科大三年级的寒暑假期。

3. 拓展技能模块

拓展技能模块的设置是在以上两个模块进行到一定程度时，对法科学生知识水平、实践技能和职业素养的合理性拔高，通常运用的方式包含法律援助、毕业实习、毕业论文三类。

（1）法律援助

法律援助是实现法律知识、实用技能、职业素养"三位一体"综合提升的实践课程，具有极高的"性价比"。其通常是以优秀的高年级学生为生力军，在专业老师的参与下，以义务法律援助者的身份为家境贫困或特殊缘由的案件当事人提供援助。这要求实际操作的学生能够将理论知识、法律条文和案件实际有机结合起来，整体完成一个案件由发生到判决的所有法律流程。这是对在校学生学习成果的高精度检验，同时也是提升学生综合能力的"快车道"。

（2）毕业实习

顾名思义，毕业实习是针对本科毕业学生专项安排的法律事务实习，主要通过诸如在人民法院、人民检察院等司法机关部门进行协助办案或顶岗实习等方式实现，目的在于明确地突击检查和提高学生对处理社会法律事务的流程的熟悉程度和应变处置能力。该课程通常设置在本科毕业年级下学期，但伴随着社会分工的不断细化以及国家开放程度的明显提升，本科学生在就业与升学方面的选择日益多样化，这一课程的实际作用也就相应地被弱化了许多。

（3）毕业论文

毕业论文的写作与答辩是本科学生顺利毕业的最后一道"门槛"，相较于学年论文而言，毕业论文在选题的深度、广度方面都要严格许多，它不仅要求学生能够有重点、有层次地清晰论述法学理论问题，还要求学生能够在掌握的基础上有所创新，能够发现新问题、解决新问题、提炼新理论，是对学生以理论写作能力和科研创新能力为基础的综合素质的专项提升。该课程通常需要本科毕业生用大四一整年的时间来完成，以便其有足够的时间进行研究方向的考虑、研究步骤的谋划，并有针对地进行社会调查、数据统计和理论资料收集，最终完成高质量的学术论文。

（二）相关问题

除课程设置本身以外，还应当注意以下三个问题。

1. 建立更加规范完备的实践教学课程体系

针对传统的实践教学课程存在的固有弊端和突出问题，主要从以下几个方面加以完善。

第一，增加实践性教学的资金投入，建立、完善更多的、更好的实践场所和设施。如按规范的法庭审判模式建立规范化的高校模拟法庭、完善配备，从数量和硬件设施上保障每位法科学生都能有机会参与到实践活动中来，从而得到实际锻炼并有所感悟和提升。

第二，从数量和质量上完善教师队伍建设。正所谓"名师出高徒"，高校应当严格根据招生数量及课程设置配备专业教师，努力通过精品课堂建设、授课技能比武、专业技能进修等方式提高教师队伍的综合素质，并鼓励教师合理参加部分社会活动，以提升课堂的生动性。

第三，在教学计划和学生成绩评价体系中加大实践教学活动的得分比例，在学生学习法学理论知识的同时增强教师和学生对实践性教学课程的
重视程度。

2. 广开渠道，善打"组合拳"

客观而言，任何实践教学方式对学生实践能力的培养都会有不同方面的侧重，因而也必然会有固有缺陷和适用局限。所以，合理创造更加形式多样的实践教学方式，对不同群体属性和不同成长阶段的学生采用不同的实践教学方式，以及对某一学生在某一阶段采用组合式的多样实践教学方式来综合提升学生的整体实践能力等都是亟须提上议事日程的。同时，日益增长的学生实践需求量与相对有限的实践资源之间长期存在的本质矛盾同样要求我们加快拓展实践性教学渠道，以实现实践性教学开拓发展的良性循环。

3. 探索和尝试建立国际法学实践基地

在经济全球化的影响下，国家、国际组织之间的交往越来越密切，涉及的法律问题

也越来越多，对于国际法律人才的需要量越来越大，为了适应当今形势的需求，我国一些高校正在和一些重要的国际组织和国际机构建立联系。而我国的实践基地主要限于国内，因此为了更好地培养卓越的法律人才、提高我国法律人才处理国际事务的综合能力，应紧扣商务部与高校联合组建实践教学培训基地以及高端法律人才培养基地建设的背景，探索和尝试建立国际法学实践基地，更好地为学生提供了解和处理国际事务的机会和平台。

第七章 我国法学教学新模式探索

第一节 实践教学模式的创新

一、"当事人模式"

一些学校自其成立以来，即遵循"实践出真知"的教导，号召师生跨越"三道拱门"，视"市民社会"为"真实大学"，高度重视法学实践性教学工作，并借鉴域外法律诊所的教学理念，梳理、整合国内行之有效的实践性教学方式方法，立足于中国高等法学教育的实际情况，以科学研究助推教学改革，以教学改革推进法治进程，将"科学研究、教学改革、服务社会"融为一体，教学相长，学以致用，知行合一，关注民生，大力推进参与型教育改革模式。我们经过充分论证，进行了顶层设计，将参与型教育改革模式正式命名为"当事人模式"，并进行推广，现已成为高校师生服务社会的新标杆、新举措，并取得了良好的社会效果与法律效果。

（一）"当事人模式"的主要特征

所谓法学实践性教学的"当事人模式"，是指在专业教师指导下，学生以当事人的身份直接参与真实法律问题的处理。该教学模式对传统教学模式进行了"脱胎换骨"式的颠覆性改革，具有如下明显特征。

1. 学生参与的真实性与主动性

与传统的教学方式相比，"当事人模式"具有学生参与的直接性：一是参与的真实性。真实性是指"当事人模式"的教学内容是现实生活存在的真实问题，该模式完成了法律实践性教学的一个转型，即从模拟到实战。"当事人模式"的真实性可概括为真实生活、真实角色。所谓真实生活是指"当事人模式"要求学生处理的问题不是虚拟的案件，而是现实生活中存在的法律事件。所谓真实角色是指学生必须以"当事人"的身份启动相关案件，并通过自身的努力来谋求相关法律问题的解决，而不是仅仅局限于一个"模拟者""旁观者"的身份；二是参与的主动性。在传统法学实践性教学中，学生往往是被参与到教学过程中，缺乏"身临其境"的感觉。而在"当事人模式"中，每个教学环节均由学生掌控，案件的每一步进展均能激发学生的兴趣。在具体案件的推进过程中，学生能接触到其从未体验过的现实，从而大大激发学生的学习主动性。因此，"当事人模式"也实现了法律实践性教学的一个转型，即从被动到主动的转型。

2. 教学内容的公益性与多维性

"当事人模式"要求学生直接参与相关法律问题的处理。在现实中，直接涉及学生本身权益的法律案件很少，因此，在绝大多数情形下，学生能以"当事人"身份启动的案件包括两种类型：一是涉及公益的案件；二是法律援助的案件。目前，"当事人模式"的教学内容主要涉及六个方面：一是规范性文件的合法性审查；二是申请政府信息公开；三是行政公益案件；四是法律咨询；五是诉讼代理；六是社会调查。这种模式所产生的效应是双重的：培养学生的法律意识和社会责任感；推进中国的民主与法治进程。

3. 教学效果的全方位性

传统法学教学的目的在于帮助学生掌握法学理论知识，理解法律条文的含义，而对培养学生的实务能力、职业道德则关注不够。法律诊所虽然在很大程度上强化了学生的务实能力与职业道德的训练，但忽略学生理论水平的提升。另外，在推进中国的法治进程方面，法律诊所的成效尤显不足。

（二）"当事人模式"的教学意义

"当事人模式"的教学内容具有多维性，它可以弥补传统教学方式与法律诊所的不足。

首先，"当事人模式"有利于提升学生的理论研究水平。"当事人模式"坚持的教学理念是实现"理论与实践"的无缝对接，在具体的实践中，提升学生的理论水平。例如，在规范性文件合法性审查的教学中，因为学生所要处理的问题是如何论证规范性文件的违法性，如果不具备较强的理论水平，就无法完成一份有质量的审查申请书，因此，"当事人模式"在很大程度上有利于激发学生钻研相关法律理论问题的热情。另外，"当事人模式"还要求学生通过实践发现现行法律制度的缺陷，并分析其成因，研究其对策，这在很大程度上能提高学生的发现问题和分析、解决问题的能力。

其次，"当事人模式"有利于培养学生的社会交往水平。"当事人模式"要求学生直接面对现实，在老师的指导下处理法律事务。因此，在教学过程中，学生必须学会与相关事务部门进行沟通、谈判和协调，学会如何驾驭复杂局势和形形色色的社会人员之本领。而这些能力又都是每一个法律从业者所不可或缺的。

再次，"当事人模式"有利于培养学生的社会责任感。"当事人模式"要求学生基于维护法律的权威，启动规范性文件合法性审查，提起政府信息公开、公益行政诉讼等。这些经历特别有利于塑造学生的法律意识和追求公平正义的精神，从而培养一批具有强烈社会责任感的法律从业者。

最后，"当事人模式"有利于推进中国的民主法治进程。如前所述，"当事人模式"的教学内容包括规范性文件的合法性审查、提起政府信息公开、提起公益性诉讼等。这些教学活动的实施，可以在一定程度上完善我国现行的法律制度，从而推进中国的法治进程。

（三）"当事人模式"的模块

经过多年的教学实践，目前"当事人模式"已经凝练出了五大相对稳定的模块。

1. 公益代言模块

这是"当事人模式"最重要的教学内容，也是最具特色的亮点。该教学模块要求学生在教师的指导下，直接参与公益性法律问题的发掘、分析和处理过程。其教学内容包括法律的违宪审查、司法解释的合法性审查、规范性文件的合法性审查、政府信息公开、公益性诉讼等。

2. 法律援助模块

该教学模块以湘潭大学社会权益法律救助中心、法律咨询社、湘潭大学法律诊所等学生社团为依托，由高年级本科生与研究生组成法律援助团队，在相关专业教师的指导下，为自然人、法人及其他组织机构提供无偿的法律援助服务。

3. 法制宣传模块

该教学模块可以以社团为主要依托，在教师的具体指导下，开展形式多样的法律宣传活动，营造一个"知法、信法、崇法"的社会氛围，强化学生的法律意识，提升学生的法学兴趣，培养学生的综合专业素质。

4. 社会调研模块

该教学模块的主要内容是组织学生进行社会调查，通过接触社会现实，发掘社会对法律的真切诉求，深化对法律问题的理解，促使学生养成良好职业道德和社会责任感、公平正义感。

5. 衍生产品模块

"当事人模式"是一种回应型、反思型教学模式，在指导学生进行公益代言、社会调研、法律援助、法律宣传等活动中，教师还注重引导学生"举一反三"，延伸教学成果的"产业链"。"当事人模式"的衍生产品主要包括如下四个方面：一是社情民意。将在"当事人模式"教学活动中所发生的问题，写成社情民意，送交给相关职能部门参考，开辟出大学生参政议政的新途径；二是新闻报道。将"当事人模式"教学事件写成新闻报道稿件，通过社会舆论的影响，推动相关事件的解决进程；三是高质量的论文。要求学生将教学活动所接触的法律问题作为毕业论文的选题，实现理论研究与社会调研的无缝对接；四是申报奖励。指导学生将在"当事人模式"教学活动中所形成的调研报告、优秀论文作为成果，参加各种大学生课外科技创新活动。

（四）"当事人模式"的社会影响

经过几年的探索，"当事人模式"在理论研究、人才培养和服务社会等方面产生了较大的社会反响，赢得了社会各界的广泛认同。

第一，基本构建了法学实践性教学"当事人模式"的理论体系。在大力推进"当事人模式"教学改革实践的同时，课题组积极开展该教学模式的理论研究工作，发表一系列相关的教改论文，上述教改论文就"当事人模式"的概念、特征、教学内容、教学流程、考核办法、推广与运用等方面进行了全面且深入的探讨，形成"当事人模式"的基本理论体系，为推进该教学模式提供了智力支持。

第二，探索出了"五位一体"的卓越法律人才培养模式。经过多年的努力，我们逐渐探索出以"理论研究、社会调研、公益维权、法制宣传、建言献策"为内容的"五位一体"卓越法律人才培养模式。该模式具有两大特点：一是将梳理总结我国法学教育界探索的各种法学实践性教学模式的经验，将之整合成一个完整的体系，并将之命名为"当事人模式"。与发源于美国的"法律诊所教育"相比，该模式更贴近中国国情，更具有可操作性与生命力；二是该模式以实践性教学为突破口，以培养应用型、复合型法律职业人才为目的：既注重素质的培养，更注重能力的提高；既注重知识的运用，更注重理论水平的提升；既注重关注民生问题，更注重推进法治进程；既强调接触社会，更注重学生社会责任感的培养。

第三，打造了一批有影响力的法律实践平台。

1. 法律文化节

每年举行一次，由老师指导学生制订策划书，采取法律文书写作比赛、法律实务讲座、法律图片展、法律文化电影展、普法活动、模拟法庭等多种形式宣传法律，提供法律咨询，提升全社会的法治意识等。经过多年的努力与完善，该活动将逐渐成为大学师生服务社会的一个重要平台。

2. 大学社会权益法律救助中心

自成立以来，大学社会权益法律救助一直以"培养地方法律人才，服务地方法治建设"为宗旨，大力开展社区法律援助工作，可以无偿接待各种案件，影响十分广泛，深受社会好评。

3. 一报一刊

由学生主办一份报纸，再由学生主办一份刊物。一报一刊活跃了学生的思想，提高了学生的科研能力，在高校具有较大的影响力，并受到多个著名法学专家的好评。

第四，培养了一批具有较大社会影响力的公益维权团体。"当事人模式"注重培养学生的公民意识与社会责任感，学生在参加"当事人模式"的教学实践活动中，公益维权的意识得到了显著提升，也逐渐形成了一个具有较大影响力的公益维权团队，特别是涌现出一批极具影响力的法治人物。

第五，获得了一系列教学成果奖励。"当事人模式"立足于大实践性教学观，鼓励师生广泛接触实践，深入思考社会问题，并将所思所想表现为不同类型的成果，申请不同的奖励，取得了较好的成绩。

第六，取得了一系列学生奖励。

1. 在"挑战杯"竞赛中获得佳绩

在法学实践教学"当事人模式"的要求下，湘潭大学法学院的学生以此教学实践活动中所形成的调研报告、论文，在老师的指导下进行"挑战杯"奖励申请，取得了较好成绩。

2. "三下乡"优秀调研报告奖励

"当事人模式"特别注重"三下乡"社会调研活动。

3. 政府社会奖励

为了不断完善和推广"当事人模式"，召开了"当事人模式"专题研讨会，众多高校法学院系分管教学的领导或相关教师莅临会议。改革只有起步，完善没有终点，改革是为了进一步推广和修正这种模式，也是为了纪念和固化我们这些年来所取得的些许成果，更是为了广泛吸纳兄弟单位的真知灼见。

(五)"当事人模式"的具体内容

当前，对如何推行法学实践性教学，全国各大法学院系均进行了积极的探索，基本形成了以理解程序为主的"模拟法庭"、以师傅带徒弟式的"法律实习"、以向弱势群体提供法律援助为主的"法律诊所"等教学模式。但总体而言，其教学效果并不理想。"模拟法庭"的缺陷在于"模拟"而非"真实"，法律实习只是将毕业后的职业体验提前而已，根本不能称之为课程，为了节约教育资源，还不如让学生早一点毕业。法律诊所主要引导学生从律师的视角思考问题，虽然对我国的法学教育是一种促进，但当前我国法学院毕业生的就业去向多数为司法机关和政府机关，法律诊所教育显得有点不合时宜；另外，法律诊所需要大量的师资和资金投入，也非我国一般法学院所能承担，因此，在失去福特基金的资助下，法律诊所教育在我国举步维艰，效果有限。为此，借鉴域外先进的教学理念，结合中国的具体国情，创立一种全新的法学实践性教学模式势在必行。

近年来，大学法学院高度重视法学实践性教学工作，先后申报地方法学人才培养创新实验区、高等学校法学特色专业建设点、法学实验教学示范中心建设单位、卓越法律人才培养基地等一批国家级教学平台，对此，这些院校在实践性教学改革方面取得了较好的成绩，并获得了一系列教学成果奖。

我国高校的一些教学团队，借鉴域外法律诊所的教学理念，梳理、整合国内现有行之有效的实践性教学方式方法，立足于中国高等法学教育的实际情况，在全国率先推出法学实践性教学"当事人模式"，以科学研究助推教学改革，以教学改革推进法治进程，将"科学研究、教学改革、服务社会"融为一体，教学相长、学以致用、知行合一、关注民生，成为高校师生服务社会的新标杆，产生了较大的社会效果与法律效果，形成了法学实践性教学的经验，值得关注、研究与推广。

（六）"当事人模式"的内涵、特征

法学实践性教学的"当事人模式"是指在教师的指导下，学生以当事人的身份直接参与真实法律问题的处理。该教学模式颠覆了"隔靴搔痒"的传统教学模式，具有如下明显的特征。

1. 学生参与的直接性

"当事人模式"具有学生参与的直接性：一是参与的真实性。真实性是指"当事人模式"的教学内容是现实生活存在的真实问题，该模式完成了法律实践性教学的一个转型，即从模拟到实战。"当事人模式"的真实性可概括为真实生活、真实角色。所谓真实生活是指"当事人模式"要求学生处理的问题不是虚拟的案件，而是现实生活中存在的法律事件。所谓真实角色是指学生必须以"当事人"的身份启动相关案件，并通过自身的努力来谋求相关法律问题的解决，而不是仅仅局限于一个"模拟者""旁观者"的身份。二是参与的主动性。在传统法学实践性教学中，学生往往是被动参与到教学过程中，缺乏"亲临其境"的感觉。由于没有"成就感"的刺激，学生参与教学过程的动力明显不足，传统法学实践性教学的成效并不尽如人意。而在"当事人模式"中，每个教学环节均由学生掌控，案件的每一步进展均能激发学生的兴趣。"兴趣是最好的老师"，在具体案件的推进过程中，学生能接触到其从未体验过的现实，从而大大激发学生的学习主动性。因此，"当事人模式"也实现了法律实践性教学的一个转型，即从被动到主动。

2. 教学内容的公益性

"当事人模式"要求学生直接参与相关法律问题的处理。在现实中，直接涉及学生本身权益的法律案件很少，因此，在绝大多数情形下，学生能以"当事人"身份参与的案件包括两种类型：一是法律援助的案件；二是涉及公益的案件。根据一些大学法学院的教学实践，"当事人模式"教学内容主要涉及如下六个方面：一是规范性文件的合法性审查；二是申请政府信息公开；三是行政公益案件；四是法律咨询；五是诉讼代理；六是社会调查。因此，"当事人模式"不但有利于培养学生的法律意识、社会责任感，而且能在一定程度上推进中国的法治进程。

3. 教学效果的全方位性

传统法学教学的目的在于帮助学生掌握法学理论知识，理解法律条文的含义，而对培养学生的实务能力、职业道德则关注不够。法律诊所虽然在很大程度上强化了学生的实务能力与职业道德的训练，但忽略学生理论水平的提升。而"当事人模式"的教学内容是广泛的，其教学效果也是全面的，可以弥补传统教学方式与法律诊所的不足。

（七）"当事人模式"的创新

"当事人模式"通过一定时间的实践应用，在教学理论、教学内容、教学方式等方面进行了一系列创新，形成了别具一格的教学新模式。

1. 教学理念的转变

（1）教学目标的完善——从单一到多元

传统法学教学模式知识灌输，教学目标较为单一。"当事人模式"融"理论研究""实践操作""关注民生""服务社会"于一体，有利于培养学生的理论研究能力、职业技术能力、社会交往能力与社会责任感，实现了法学教学目标从单一到多元的转变。

（2）教学空间的扩展——从课堂到社会

要求学生走出课堂，直面社会存在的真实案件，实现"学以致用""用以促学""学用相长"的结合。

（3）教学角色的转型从被动到主动

让学生从被动接受知识到主动发现、分析、解决法律问题，并在此基础上进行科学研究，突出学生的主体地位，不断激发学生的学习兴趣，提高教学效果。

（4）教学素质的扩展——从纯粹到交叉

全面提升学生素质，使学生视野不再拘泥于纯粹法学的范围，培养学生其他专业技能，既学会运用法律知识应对社会问题，又掌握运用其他方法解决实际问题，形成学科交叉。

2. 教学科研、服务社会的对接

（1）以教学实践推进理论研究

将在公益代言、法律咨询、社会调研等活动中发现的问题作为理论研究的选题，不但具有极强的现实意义，而且具有较大的理论价值。在"学以致用"的基础上，形成"用以促研"，从而实现"教学实践"与"理论研究"的无缝对接。

（2）以教学改革践行法治

让学生面对真实存在的案例，通过公益代言，完善相关法律制度，不但维护了公民的合法权益，推进了国家的法治进程，而且还使学生在教学实践中锻炼了实务能力，提升了法治意识，强化了社会责任，实现了教学效果与社会效果的统一。

3. 教学方法的更新

（1）强调"以实际训练为主的教学方法"

从模拟到实战，强调情境教育，培养学生处理真实案件的能力；从旁观到参与，强调师生互动，凸显学生主体地位。

（2）强调"以引导探究为主的教学方法"

从知识到智慧，强调创造性思维，培养发现新知识、运用新方法的能力；从仅关注教学过程本身到重视教学过程衍生产品的开发，产生一批有见地、有质量的社情民意、政策建议、新闻报道、论文著作、评奖作品。

（3）强调"以社团依托的自主实践的教学方法"。

从个体到团队，在教师的指导下，通过社团学生的"帮传带"，在无声无息中提升意识，强化能力，锻造团队精神。

二、法学实验教学模式

（一）法学实验教学的内涵

法学实验教学属于法学教学的重要组成部分，主要以培养和提高学生的专业素质和专业技能为目的。与一般的法学理论课堂教学模式相比，法学实验教学有着独特的内涵，主要包括以下几个方面。

1. 以理论教学任务的完成为前提

实验教学活动其实是为学生应对将来的工作环境与工作要求提供一个平台，使学生在此完成理论知识与社会司法实务工作的对接，在走出校门时能具备将来从事司法实务工作所必需的法律意识、专业知识结构和动手操作能力，尤其是动手操作能力。而实验教学活动的有效展开，必须有赖于相应学科理论教学任务的完成，学生只有经过了理论知识的系统学习后，才能有针对性地开展法学实验活动，实现实验教学的目的。

2. 以法律实战技能的训练为内容

实验教学活动中的核心始终围绕着学生分析问题和解决问题能力的提高，为学生提供充分的实践操作机会。以民事法律实务为例，通过设定实验环境与素材，学生在分析实验素材的基础上，亲自动手，参与案件事实的分析与识别判断。按照不同的角色定位，收集证据，撰写法律文书，并在实验过程中相互协作，加强交流与沟通，以共同完成民事案件的仿真审理与裁判。通过实验活动的推进，有效地提高学生对案件的分析能力、法律文书的写作能力以及准确把握案件争议点，正确组织逻辑思路和法律语言的综合实务能力。

3. 以促进教学改革、培养实用型法律人才为目标

通过法学实验教学活动的逐步开展与推广，改变原有的"满堂灌"式的教学方式，促

使学生进一步加深对专业知识的理解和巩固，变被动接受为主动学习，从而进一步加强学生专业学习兴趣和专业人的责任感。通过实验教学活动，帮助学生树立明确的学习目的，寻求合理有效的学习方法，在学校课堂与社会司法实务之间搭起一座桥梁，使学生的学习与日后的法律职业紧密相连，从而在走出校门时，学生能具备较强的法律职业素养与技能，以更快适应社会发展需要。

4. 以专业的实验教学队伍和完备的实验教学环境为保障

由于学生本身对司法实务知之甚少，使得实验教学活动的进行自始至终都离不开教师的直接指导与建议，这就决定了一支专业的，具有丰富实践经验的指导老师队伍是必不可少的。实验教学活动必须要在一定的场所开展活动，才能集中完成实务实验教学活动，这就要求必须有完备的教学设施和实验条件。比如，一场民事法律实务实验教学活动要正常进行，不仅要求有多媒体教学手段以完成教师对个别实验环节的指导与梳理，要求具备畅通的网络环境以满足学生与学生、学生与教师之间的学习交流，而且还需要有相应的硬件设施以完成某些实践环节的学习任务，如需要有模拟法庭才可以完成对某一案件的审理与裁判。

（二）企业运作仿真综合实习

企业运作仿真综合实习是一个多学科共同参与的实战教学模式。在其构建的仿真环境中，法律环境是其中重要的一部分。企业仿真综合实习不仅为法学实验教学的进行提供了相应的实验素材，而且也对法学教学的方法提出了新要求。法学参与企业仿真综合实习不仅可以使实习环境的构建更为有序，而且也丰富了法学实验教学的形式，与之相应的是，在教学观念和教学形式方面也要进行相应的转变。

1. 概念及特征

所谓企业运作仿真综合实习（以下简称"仿真综合实习"），就是通过构建模拟企业运作的仿真环境，让学生在仿真环境中运用已经掌握的专业知识，进行企业运作的模拟演练，熟悉企业的运作。在这一过程中，多学科的学生的共同参与，模拟了真实的企业运营环境，其中包括法律环境。同时，由于实习过程中的仿真性，学生需要像经营一家真正的公司那样做出预见和正确的反应，因而从公司的设立到公司的发展以及公司的经营管理过程中，都会遇到一些法律问题，需要提供相应的法律服务。法学加入仿真综合实习不仅有利于仿真环境构建的合法性和有序性，而且为法学实验教学培养"应用型、融通性、开放式"人才的目标提供了一个环境基础。

企业仿真综合实习所构建的实习环境分为仿真市场和市场管理与服务机构两大部分。仿真市场包括生产制造公司、供应商、客户公司和物流市场管理，服务机构则包括工商行政管理部门、税务部门、人才交流中心、租赁公司、认证中心和会计师事务所等。在法学加入仿真综合实习以后，在外部机构中又加入了律师事务所和法院（仲裁机构），从而使法学实验教学的进行有了稳定的平台。

在仿真综合实习中，学生是仿真市场环境的创设者，也是模拟企业行为的主体，处于主导地位，而老师处于背后的指导地位，因而教学模式的选择与学生的模拟行为有着密切的联系。

仿真实习所构建的环境与现实环境具有高度的相似性，是一个接近于真实的虚拟环境。从关系上来看，虚拟与模拟相比，具有"实现人的临场化，参与者与虚拟环境是相互作用、相互影响的一个整体的两个方面"的优点。只是该优点的实现必须有赖于虚拟环境向实习的学生提供了全身心的进入环境，在这方面法学的加入可使仿真练习更加真实，与之相适应，在这一过程中的法学实验教学方法也有多样性的特点。

（1）在前期准备时以启发方式教学为主

启发式教学就是老师在教的基础上充分发挥学生的积极性和创造性，这一阶段虽然有老师教的色彩。但是教学过程是双向性、民主性的。具体表现是老师要对实习的内容和要求以演示的方式对学生进行讲解，并要求学生根据讲解自己做好实习前的准备工作，这是因为学生对实习过程不太熟悉，并且在从理论学习到模拟学习再到仿真学习的转换过程中，需要有一个过渡的阶段，不可能一下子就实现完全的自主学习，因而在这一阶段中老师处于相对主导的地位。除此之外，在前期准备工作中用启发式教学方法也是因为在虚拟的环境中，现实生活的一天可能就是一个月或是一年，因而从公司设立之初就立即做好生产经营的准备。在这一过程中老师要指导学生做好以下工作：①做好主要合同的范本，包括买卖合同、运输合同、保管合同和借款合同等实习过程中需要用到的合同类型。这类合同的特点是适用量大，做好范本后，再根据不同的情况加以补充就会方便。②告诉学生要有服务意识和主动工作精神。也就是老师要对学生的职业素养提出要求，在实习中经常出现的一个问题是参加律师事务所实习的学生只愿意待在律师事务所中，而不愿意与客户主动联系，这样就很难实现师生之间以及学生与学生之间的互动。③指导学生做好宣传工作。在实习过程中，很多业务无法开展就是因为别人对法律事务不了解。④要在网络上做好信息共享的工作，主要是建立一个实习群，不仅方便师生之间、学生之间的交流，而且可以培养团队意识。

（2）在实习过程中以互动式教学为主

互动式教学是指在教学过程中实现教与学的有机结合和相互作用，意味着教师与学生、学生与学生之间进行双向的信息沟通。在这一过程中，学生就实习过程中出现的问题可以向老师寻求帮助，而老师并不是直接帮助解决问题，只是在解决问题的方法和思路方面提供指导，引导学生自己来解决问题，如果需要的话，再由老师把关。在仿真综合实习的平台上，法学学生至少要承担四方面的角色：一是律师事务所，这包括律师事务所的成立、运营以及业务开展的全过程，其中客户关系以及法律服务水平是关键；二是构成外部环境的机构，主要包括工商局、税务局以及认证中心等，主要是对企业的经营进行管理和指导，在业务方面应有宏观性；三是纠纷的解决机构，主要是法院和仲裁机构等，在业务方面应有中立性；四是作为企业的内部法务人员参与企业的经营管理。在这四方面的角色中，学生都处于主导的地位，但是各自所面临的业务活动各不相同，因而老师的指导方法也各不相同。仿真综合实习采用一种个别性的指导方法，给每个学生提供表达和自我参与的机会，并根据每个学生的实际情况——包括背景知识、所承担的角色和所面临的问题等方面进行有针对性的指导，推动学生不断地进行思考，在解决问题的过程中提高学生的创造性解决问题的能力。除此之外，由于仿真综合实习是多个学科共同参与的，涉及金融、管理、物流、贸易等多个方面，这就为学生提供了接触不同业务领域与业务知识的一个机会，学生之间可以就各自领域内的问题进行双向、多向交流和分析，在生产企业、外部机构和管理组织之间进行换位思考，以实现问题解决的有效性与针对性。因而，老师在实习过程中也要鼓励学生多与不同学科的同学联系，并架起方便的桥梁。

2. 在实习的后期以发现式教学为主

发现式教学是以通过对问题的分析总结找到解决问题的方法为核心的教学形式，是一个学生自主寻找知识的过程。仿真实习在培养学生解决问题的能力的过程中，所具有的另外一个优势就是允许学生犯错。因为在虚拟的世界中，可以避免在现实的世界中因犯错而造成的不可挽回的损失，因而在这一过程中学生可以有创造性地探求解决问题的方法，也就是可以在试错的过程中学习。但是，允许犯错并不是可以不认真对待问题，在试错的过程中，通过分析、综合、比较和归纳来发现解决问题是最直接、最有效的方法。在这一过程中，老师要指导学生对实习过程中发现的问题进行分析和论证，形成发现式的学习方法和策略，并对问题的解决方法形成经验性的认识。发现式的教学方法在整个实习的过程中都有使用，但是在实习的后期更为关键，因为这决定了学生能否对实习的过程进行分析和总结，并直接决定了实习的效果。

3. 企业仿真综合实习的意义

（1）为法学实验教学提供了实验素材

法学实验教学以培养学生的实践能力为目标，因而与传统的理论教学在教学方法上并不一样。在传统的理论教学中，老师作为课程的主导，学生处于被动地位，课程也由老师事先设计好，然后在课堂上教授学生完成课程。而在实验教学中，教学的内容和方法都会发生改变，主要表现在过程中，学生处于主导的地位，老师处于指导的地位，教学的目的并不是教授学生理论知识，而是学生在一定的情境即社会文化背景下，借助其他人（包括教师和学习伙伴）的帮助，利用必要的学习资料，通过意义构建知识，因而情境、协作、会话和意义构建是教学环境中四大要素或四大属性。企业仿真综合实习可以从这四个方面为法学实验教学提供实验素材。

（2）可以较好地解决模拟教学中因为对情境的过多预设而产生的问题

因为在这一过程中，老师只是处于指导的地位，企业的经营管理都由学生自己进行，学生处于主导地位，是企业运作环境的创设者，面对的是不断变化的市场环境，具有较大的真实性。另外，企业仿真综合实习是为了解决学生在企业实习时无法接触企业核心业务而设计的，在实习的过程中，学生要进行融资、投资管理、生产要素采购、产品销售、财务管理、物资管理和人力资源管理等多方面的活动，而这每项活动都与法律息息相关，涉及借款、买卖、运输、保管和融资租赁等多种合同类型，以及公司的设立和治理、股票的发行和上市、劳动合同和企业规章制度的制定以及企业与竞争者之间的关系等多方面的问题，为法学实验提供了多方面的实验素材。

除此之外，法学实验教学的综合性是指学生在面对实践问题的解决过程中，不仅涉及某一方面的法律知识，而且需要从全局性来考虑问题。就实习所涉及的内容来讲，仿真综合实习所提供的实验素材也能解决法学实验所要求的综合性的问题。在专业分工的背景下，现代法学教育是分部门法进行的，这在理论课教学方面具有优势，但是如果只运用某一部门法的知识来解决仿真综合实习中的上述问题肯定是不够的，不仅上述企业经费管理中的不同的问题涉及不同的法律部门，而且就同一问题的解决，也涉及多个法律规定，比如在劳动合同的制定方面，至少包括劳动法和反不正当竞争法等多方面的法律规定。因而，在仿真综合实习过程中可以对法学学生进行多方面的综合训练。

三、法律谈判课程

法律谈判课的教学目的是让学生掌握法律谈判的基本原理及法律谈判的工作程序和工作方法，培养学生从事法律谈判工作的职业技能和职业道德，教学内容分为五个模块：法律应用基本技能培训、法律谈判成案教学、法律谈判理论研习、模拟法律谈判及法律谈判实践。本课程的特点决定其特定的实战学习考核方法，由于本课课程的教学在我国各校都处于探索阶段，应对教学过程中存在的问题予以合理解决。法律谈判课程在国外特别是英美法系国家非常受重视。一般认为，法律职业就是谈判，90%以上的纠纷是通过谈判而非诉讼或仲裁解决的，因此，法律谈判的职业能力对法律人而言是一项非常重要的职业能力。

（一）法律谈到课程的定位和教学目的

法律谈判课程的建设几乎无国内的经验可以借鉴。西方的谈判理论认为，法律谈判就是一个将法律培训、法律技能和人际交往的能力融合在一起并最终达到预期目的的一个过程。我们将法律谈判的性质定位为"用证据来谈，用法律来判"。之所以这样界定，是考虑到法律谈判不同于一般的辩论或谈判。一般认为谈判无规则，但法律谈判是有规则的，这就是法律规则。正是因为有了法律规则作为评判的标准，才可能解决谈判的久拖不决，也才可以避免辩论中常出现的语言华丽但不知所终。不过，法律谈判也需要依据事实来进行。只有在确定事实后才可能确定谈判双方的权利、义务及责任，而事实是要证据来证明的。证据被认为是法庭之王，其实在法律谈判中亦然，证据是有发言权的。因此，我们将法律谈判的性质定位为"用证据来谈，用法律来判"，以此界定法律谈判课程的教学内容和教学目标。

（二）法律谈判课程的教学方案

借鉴国外的教学经验并根据法律谈判课程的特点，我们将教学和实践内容分为五个模块：法律应用基本技能培训、法律谈判成案教学、法律谈判理论研习、模拟法律谈判及法律谈判实践。这五个模块是相辅相成的。法律应用基本技能培训是学生从事法律谈判必备的基本功，但学生在之前的学习过程中是欠缺此能力的培养的，因此需要培养学生的法律应用基本技能，这是开展法律谈判课程的基础。法律谈判成案教学是指教师讲解自己办理的法律谈判案件或其他可以作为教学案例的谈判案件，详细剖析其是如何通过法律谈判来达成项目合作或解决纠纷或达成对某项法律事务的一致理解。法律谈判理论研习主要是讲解谈判理论和法律谈判理论，特别是借鉴学习国外的法律谈判理论。模拟法律谈判是通过设计一些从易到难的法律谈判案例，培养学生从事法律谈判的工作能力和职业道德。法律谈判实践是指由学生通过法律诊所接办需要通过法律谈判方式来解决的法律事务，由学生组成的谈判小组并以法律谈判的方式解决这些法律事务。基于此，我们将法律谈判课程的教学内容具体设计为：谈判学及谈判技术、法律谈判基本原理、诉讼与仲裁谈判、贸易法律谈判、投资法律谈判、劳资法律谈判、侵权法律谈判等。

对每一个法律谈判，要在强调培养学生在掌握法律谈判的一般理论的基础上，抓住特定法律谈判的特殊性，即要准确把握特定法律谈判的谈判要点。所谓谈判要点，举例而言，在贸易谈判中就会围绕贸易合同谈其要点，例如价款、运输、保险和检验等问题；在投资谈判中就会围绕投资合同谈其要点，例如投资方式、投资形式、投资法律风险、投资争议解决等。简单地说，谈判要点就是将所学习的法律知识用来解决实际面临的问题，只是其形式是谈判，或者说是协商。所以，要抓住相关法律制度来安排要点和具体内容。例如，外商投资企业形式可以有很多种，特别是有中外合资经营企业和中外合作经营企业，那么就需要在了解两者的法律差异的基础上通过谈判决定选择何种投资形式，并对具体的投资合作事宜通过谈判予以解决。

（三）法律谈判课程的实验教学设计

法律谈判课程是一门实验教学课程，其内容包括传统的实验教学和法律谈判实践，前者是指安排学生对实际案例进行模拟法律谈判，后者是由学生作为法律谈判的代理人直接参与现实的法律谈判。

法律谈判实践是学习实践，"学习"和"实践"具有不可分性，而实践的结果会影响委托人的合法权益能否最大化实现，教师引导学生在充分讨论的基础上形成可能的多种方案，向委托人分析各种方案的利弊，并征求委托人的最终选择意见。教师的角色应当是"引导者"和"把关人"，学生的角色应该是"思考者"和"实践者"，委托人则是"决定者"。

在模拟法律谈判中，我们将学生分成六个组，每个组都会直接参与模拟法律谈判。在模拟法律谈判过程中，由两组的同学组成谈判团队分别代理当事双方直接参与谈判，其他同学担任观察员。担任观察员的同学一般在模拟法律谈判中不参与发言，而是在模拟法律谈判结束后进行评价，包括对参与模拟法律谈判的同学的优点和缺点的评价。教学无定式，在教学实践中同时也发现，模拟法律谈判的同学对一些问题并不能充分认知，但担任观察员的同学可能会有一些有价值的见解，我们也会根据实际情况安排担任观察员的同学在模拟法律谈判中对一些问题发表自己的独到见解，以促进模拟法律谈判。

（四）法律谈判课程存在的问题及其解决建设

法律谈判课程在我国各个高校都刚刚开设，而且基本上是对法硕开设的，在本科生中开设此课程的很少。因此，缺乏经验可供借鉴。从目前开设课程的情况看，存在的问题及解决建议如下。

1. 师资队伍建设

虽然说法律职业就是谈判，实验教学的重要性也为大家所认可，各高校法学院的教师从事兼职律师的也不少，但能够付诸教学的并不多，这是由很多因素造成的。如何调动从事兼职律师的教师的工作积极性，使更多的老师参与到实验教学中来，建设一支可持续发展的教学团队，是一个值得重视的问题。

2. 教材建设

从我们收集的资料看，英国非常重视法律谈判课程，也有相关的培训教材，内容也较为丰富。这是我们从事法律谈判课程教学的基础资料，但这些教材的内容并不完全适合我国的法律教育的特点，一些内容也与我们的法律文化并不协调。法律谈判课程的建设才刚刚起步，教师的认识也不统一，相信各校的做法也不同。但是，如果能够在协调和集思广益的基础上推出适合我国法律教育要求的教材，对推动法律谈判课程的发展是大有裨益的。

3. 教学质量的提高

如前所述，法律谈判课程教学处于初创阶段，几乎没有国内的经验可供借鉴，各个学校都是在探索中前进。如果能够进行必要的教学经验交流，对于提高法律谈判课程的教学质量是有很大帮助的。教学质量的提高也需要根据本门课程的特点和学生的具体情况，对各个教学环节进行科学合理的设计，确保教学质量的不断提高。

4. 学生的理论学习与实战的差距

我们发现学生的法律知识储备是比较充分的，这可能与这些学生是选拔出来的优秀学生有关。学生欠缺的是法律思维和法律实践能力，针对此种情况，需要在鼓励学生加强案例学习的同时，通过法律谈判实例讲解、模拟法律谈判及法律谈判实践来解决。然而，此课程的受众面较窄，能够参加其他实验教学课程的学生也是有限的。如何扩大受众面及在其他课程中对学生的法律思维和法律实践能力进行系统培养是需要解决的问题。

第二节　案例教学模式的运用

一、"当事人模式"的推广与交流

近年来，该模式在大学实施较为顺利，取得了一系列傲人的成果，产生了较大的社会反响。为进一步推广这个独具特色的实践性教学模式，大学采取了"扩大影响力，提高吸引力；请进来，走出去，提高执行力；开展研讨会，提高推广力"等有效措施，取得了良好的效果。

(一) 媒体的广泛报道为该模式的推广营造了良好的舆论氛围

"当事人模式"具有中国特色，简单可行，并且融教学改革与法治建设于一体，相关教学案件得到了主流媒体的广泛关注，"当事人模式"在社会上的知名度迅速提升，这为该模式的推广提供了良好的舆论氛围。

(二) "请进来，走出去"为该模式的推广探索了有效的途径

经过多年的理论研究和实践探索，法学实践性教学"当事人模式"日趋成熟，成效显著。为了进一步推广该教学模式，课题组可主动走出去，和全国同行相互切磋，听取完善建议，并向同行推荐此教学模式，共同提高与发展。大学法学院的领导、老师和同学们围绕"当事人模式"的理念定位、应用范围、师资激励等方面的问题进行了深入的交流和探讨，高度评价了"当事人模式"所具有的创新性，以及在培养学生知识运用能力、培养学生的公平正义感和社会责任感、培养学生关注社会和民生的意识方面所具有的意义，对"当事人模式"的发展提出了非常宝贵的意见和建议。

(三) 展开研讨会，及时总结该模式的推广经验

为了不断完善"当事人模式"，并向全国法学院系推广此教学模式，专家组做了"法

学实践教学'当事人模式'的运用与推广"的主题发言，分别从"当事人模式"的基本内容、"当事人模式"的十大典型案例、"当事人模式"的十大成绩、"当事人模式"教学改革的几点感想等方面，详尽地介绍推行法学实践性教学"当事人模式"的基本做法、成功经验、取得的成绩。

二、"当事人模式"教学改革的体会

推出法学实践性教学"当事人模式"以来，不论是理论探讨，还是实际推进，均处于不断完善的发展阶段，但在师生们持续不断的努力下，该教学模式取得了可喜的阶段性成绩，在理论研究、人才培养与服务社会等方面的成绩有目共睹。梳理近六年来的教学改革经验，可以认为"当事人模式"之所以能够顺利推进，并且取得了骄人的成绩，其中成功经验可归纳为如下几点。

（一）建章立制、强化组织保障

教学改革是一个系统工程，绝非一两位教师心血来潮的即兴之作。它涉及课程的设计、教学案例的遴选、教学流程的控制、教学平台的搭建、师生积极性的激励、教学效果的评估、教学模式的推广等方方面面，必须有目的、有组织、有系统地整体推进，为此，建章立制非常重要。在"当事人模式"取得初步成效，产生一定社会影响时，法学院及时出台了一系列规章制度，为该模式的顺利推进提供了制度保障与组织保障。

为了推动"当事人模式"的理论研究和实践应用，扩大其适用范围，使更多学生从中受益，为人才培养创新实验区和法学实践性教学示范中心的建设探索路径，学院成立了"当事人模式"法学教育研究实验室。该实验室的成立为"当事人模式"的推进提供了组织保障。为规范"当事人模式"的教学流程，在实验室成立之初，相关人员就实验室的宗旨、实验室职责和目标、实验室组织机构、实验室工作程序等四个方面的内容进行了具体的规定，确保"当事人模式"教学流程有章可循，为该模式的顺利推进提供了制度保障。为了调动学生参与实践性教学的积极性，一是建立社会实践与专业学习、服务社会、勤工俭学、择业就学、创新创业相结合的管理体制；二是建立多种形式的投入保障机制；三是把学生社会实践与教师社会实践结合起来，组织教师参与、指导社会实践；四是建立相对稳定的学生社会实践基地。

从"进一步提高对实践教学重要性的认识""健全组织，明确职责，加强对实践教学的指导和检查""加强实践教学体系建设""进一步加强指导教师""切实保证实践教学环节的实施""进一步严格检查验收制度""采取措施，努力保证实践性教学环节的实施"等七个方面对实践教学进行了全面的规定，为大力推进"当事人模式"提供了全面的制度保障。

为了鼓励师生从事法律援助工作，学院将教师指导学生从事法律援助工作纳入教师教学工作量，允许学生把从事法律援助作为实习的内容，鼓励学生把从事法律援助工作接触到案例的分析作为毕业论文。

（二）注重教学改革平台的打造

实践性教学的推进需要一定的物质基础与经费投入。近年来，大学法学院狠抓相关教学平台的申报与建设工作，为"当事人模式"的顺利推进打造了如下一系列支撑平台。

1. 地方法学人才培养创新实验区

为了支持"当事人模式"的发展，法学院专门从教学平台拨出资金建设大学社会权益法律救助中心，从而使"当事人模式"有了较为固定的办公地点与经费支持。

2. 高等学校法学特色专业建设点

为促进高校面向社会需求培养人才、强化实践教学，帮助学校形成自己的特色与品牌，教育部、财政部启动了"高等学校法学特色专业建设点"项目。利用支持经费，大学法学院面向全院师生设立了教学改革的课题，并给予一定的经费支持。作为重点支持项目，"当事人模式"相关研究内容先后三次立项，在推进"当事人模式"法学实践的同时，确保了相关理论研究也能达到相应的水平。

3. 法学实验教学示范中心建设单位

为了进一步推动高等学校实验教学改革，促进优质教学资源整合与共享，加强学生动手能力、实践能力和创新能力的培养，大学法学院成立了法学实践教学实验室，将"当事人模式"教学实验室作为法学实验教学的重要组成部分，加以重点支持，完善了"当事人模式"的教学设施，并且每年向学生开放社会调研项目，拿出专门资金对优秀调研项目进行奖励。

4. 卓越法律人才培养基地

为培养一批符合中国国情的法律人才，培养造就一批信念执着、品德优良、知识丰富、本领过硬的高素质法律人才，教育部、中央政法委员会启动了卓越法律人才教育培养计划，结合中国国情，"当事人模式"逐渐探索出以"理论研究、社会调研、公益维权、法制宣传、建言献策"为内容的"五位一体"卓越法律人才培养模式。

（三）教学、科研、社会服务无缝对接

"当事人模式"的一个主要特点就是突破了传统的单纯实践性教学观，形成了"教学、科研、社会服务"三位一体的大实践性教学观念，构建了法学实践性教学的大格局，科学研究与教学改革的互动，既夯实了学术研究的现实基础，也提高了教学改革的品位；教学改革与社会服务的融合，既锻炼了学生的实务能力，也推进了法治的进程。教师的科学研究与学生的社会实践合二为一，真正做到了"教学相长""学以致用"。

（四）注重高校、机关、社会、新闻媒体的多方联动

为了培养学生各方面的能力，特别是学生的协调能力，"当事人模式"形成了和其他机关单位合作培养学生的机制，逐渐探索出"高校、机关、社会、新闻媒体"的四方联动机制，特别是和新闻媒体的合作。与新闻媒体的合作具有以下几方面的意义：一是提高教学案例的知名度，从而提升"当事人模式"的吸引力，推动该模式营造良好的社会氛围；二是新闻媒体的报道能在一定程度上推进法治实践的解决，进一步扩大教学案例的社会效果；三是提高学生在新媒体时代的舆论应对能力和运用能力，让学生了解新媒体时代舆论话语权的运作规律。

（五）注重衍生产品的开放

"当事人模式"鼓励师生将社会实践所接触的实际素材作为科学研究的课题，服务社会的切入口，注重平时的积累，在条件成熟时，申报各种类型的课题与奖励，扩展"当事人模式"的成果链条：一是学术论文；二是调研报告；三是社情民意；四是各种类型的教改、科研课题；五是相关教学奖励等。

第三节　我国法学教学模式的探索

加强法学继续教育的法制化和制度化是实现法官精英化的希望所在，从目前法学教育的实际情况看，以下一些问题需要进一步思考与探索。

一、科学组建法官继续教育机构

目前我国各级司法机关都拥有自身的法官培训机构，这些机构为全面推广法官的法学继续教育提供了便利，对提高法官素质也起到了一定的促进作用。但由于机构的分散容易造成资源的浪费，不利于统一管理。另外，县一级的法官培训机构在师资力量上往往不够，不利于保证培训的质量。因此，有必要重构现行的法官继续教育机构。可以在全国设三级法官继续教育机构：国家法官学院负责高级法官的继续教育工作，省级法官继续教育机构负责中级法官的继续教育工作，地市级法官继续教育机构负责法官的岗前培训和初级法官的继续教育工作。

值得一提的是，为充分利用高等法律院校的教育师资、图书和其他设施，本着经济、高效的原则，可充分发挥高等法律院校的法学继续教育功能，司法部门可以和高等法律院校合作，在高等法律院校直接设立法学继续教育机构。近年来，北京大学、中国人民大学和中南政法学院等高等院校先后受最高人民法院和有关省市法院的委托，举办了多期中高级法官培训班，培训效果十分明显，也受到了广大学员的好评。由此可见，利用高等院校

进行法学继续教育是行之有效的方式，它既可以避免重复建设，从而节约大量的国家资源，又可以使法学继续教育的质量得到保障，这一方式值得推广。

二、坚持理论教育与业务培训相结合的原则

我国现行的法学继续教育过分注重业务培训而忽视了理论教育的重要性。业务培训是法院为了帮助法官理解具体法律，贯彻某项具体的改革措施或者方针政策，促使法官学习和掌握一些司法技术或技能而进行的培训。这种培训的目的性强，强调实用，有其自身独特的作用，尤其适合岗前培训阶段。但业务培训不能成为法学教育的全部，重视理论教育也很有必要。理论教育的目的在于提升法官的理论水平和理论素养，培养法官的理性思维，促进法官对法律问题进行深层次的思考，并能透彻地把握具体法律的法学原理和立法精神。注重业务培训而轻视理论教育，所培养的法官必然存在知识结构上的缺陷和整体素质的不足，并且只能是经验型而非知识型的，理论上的缺乏也必将给审判实践造成诸多困难，尤其是在面对日益复杂的新型案件时，经验型法官容易把持不住。

此外，理论教育和业务培训也往往是互相关联不可分割的。因此，法学继续教育总体上应坚持理论教育与业务培训相结合的原则，对法官进行培训，从而实现法官的精英化。

三、完善教育行政许可、教育行政确认制度和构建法学院系创办"门槛"机制

教育行政确认是指教育行政机关依法对相对方的法律地位、法律关系和法律事实进行鉴别，给予确定，证明并予以宣告的具体行政行为。

教育行政许可是教育行政管理的一种有效控制管理手段，首先禁止人们在某些教育领域内活动的普遍自由，然后规定标准、条件，允许符合最低条件的相对人从事这些活动。教育行政确认与教育行政许可是同一教育行政行为的两个步骤：一般是确认在前，许可在后。教育部门首先应对申请开办法学教育的院系的校舍面积、师资、设备等是否符合教育法中规定的标准进行确认。对符合确认条件的院系才能赋予他们办法学教育的许可。

教育行政确认和教育行政许可是教育行政权有效地控制法学教育"门槛"的重要机制。法律人才培养在法治发达的国家往往进行数量上的严格控制，同时，一个国家法学教育质量的高低会直接影响国家司法活动质量和法治程度的高低。关于法学教育的质量已经引起国家有关方面的重视。今后，教育部应加强对法学教育的办学许可的监管，对不符合办学要求的，坚决不授予办学许可，对现有达不到法学教育评估体系标准的院校，将责令其整改，控制其招生规模。

四、教育师资问题

法学继续教育质量的高低很大程度上取决于教育师资的强弱。对法官进行继续教育应

当密切联系司法工作实际，有针对性地予以指导，以解决司法实践中存在的实际问题，这就要求教师必须熟悉司法工作，精通司法业务，而目前我国从事法官继续教育的专职教师大多不具有司法实践经验，所聘任的兼职教师又大多来自高等院校，他们大多具有扎实的理论功底，但司法实践经验欠缺。由他们进行理论教育较为适宜，但由他们进行业务培训则并不十分妥当。对此，可吸纳一些国家的有益经验，结合法官培训的性质和任务，在侧重业务培训的同时，由一些优秀法官和优秀律师进行言传身教，介绍一些法学院知名教授，利用专题讲座等形式来进行。另外，鉴于同样原因，在律师队伍建设上，应坚持以专职教师为辅，以固定聘任一些知名法官、律师、学者做兼职教师为主的原则。

综上所述，法学教育是精英化教育，因为接受法学教育的一部分人要成为法官、检察官，而法官、检察官应有精英化意识，对精神力量和职业道德的要求极高，这样才能确立法官在国家政治中的神圣、崇高地位。在西方国家，很多政治家都具有法律从业或学业背景；美国政治家中有一半的人做过律师，这是对法律的最好的恭维，同时说明了法律人才的可塑性和精英化程度。针对目前我国法官队伍的状况，法学继续教育的目的就是完成法学高等教育所承担的为社会培养和输送大批精英的任务，这是使我国法律家的队伍无论从数量还是质量上都得到尽快提升的有效步骤，只有这样，我国的法制建设才能迅速适应现代化的发展。建立科学化、制度化、规范化的法官继续教育体制，合理设置教育培训机构，明确教育培训目标，充实教育培训内容，优化师资结构，是借鉴外国法官继续教育制度的必然选择，也是我国法制建设适应时代发展的必然结果。加强法学继续教育也是我国法官精英化过程中不可忽视的一个方面，我国法学继续教育存在的一些缺陷即说明它有改革完善的必要。世界各国、各地区在实现法官精英化的过程中都十分重视对法官的继续教育，有些国家不仅要求法官必须具备相应的法律专业学历，还明确规定只有经过专门的法学继续教育，才能担任法官这一职务或晋升高一级法官职务。

五、注重国际合作交流，积极开展对外教学合作项目

目前，法学国际交流可以通过以下几种方式来开展。

一是加强教师的国际交流。通过签署合作协议"请进来"（邀请境外学者到本校讲学）和"送出去"（把本校教师送到境外开展短期或者长期访学），借此，教师可以进一步拓展自己的视野。不少教师通过访学获得了国外科研项目，实现了深层次的国际合作。

二是选择一些"国际化"色彩浓厚的课程开展双语教学。从实际的做法来看，目前的双语教学包含了不同的层次。比如有些课程完全用原版的教材，有些课程则推荐外语教材，有些课程是全英语授课，有些课程是真正的中、英文"双语"同时教学，还有些课程只是用全英文的课件，教师本身主要还是用中文来授课。

三是加强学生的国际交流。一般通过校际项目协议的形式，把学生送到国外进行短期或者长期的学习或者实习。如，首都经济贸易大学坚持开展国际交换生的活动，每年派10

名左右的本科学生到美国的几所大学学习，互相承认学分。同时，该校每年还组织学生到美国参加暑期学习，包括本科生和研究生。另外，许多学校非常重视指导学生参加一些国际比赛，例如国际模拟法庭辩论赛、国际仲裁大赛等。以及其他形式的对外交流，如合作研究、联合举办国际会议、交换图书资料、开办面向海外留学生的中国法学硕士课程。

四是与国外法学院合作举办一些针对律师和法官的高水平培训课程，吸收外国法学院学生前来短期进修或学习中国法，接收境外访问学者进修，开展与境外法学院联合培养学生的工作等。为提高教育竞争力，中国有条件的法学院，势必会积极开展上述各种形式的对外教育交流工作。

全球化要求法学教育有全球化的视野，要求法学院或者是法学教育机构的教员有国际思维，法学教材要有适合全球化的知识，学生要有机会接触世界。无论提供法学教育服务的人员构成如何，他们必须具有引导世界潮流的知识、眼光和技能，积极应对全球化法学教育市场的挑战，广泛的跨国交流是法学教育的大势所趋。

六、创新教学方法

随着高新技术越来越发达，法学教育应当借助科技手段提高教学质量。多媒体教学具有形象、生动、信息量大的特点，可以大大提高授课效率。同时它具有图声并茂的特点，使得学生的学习兴趣大大提高。但是现在多媒体教学课件有一种现象叫作教科书搬家，把教材的要点往多媒体上一放，然后不要板书了，这样不利于师生互动。所以，可以认为不能将多媒体教学功能过于夸大，要看到其局限性，在知识的介绍上可以多用多媒体，但是在启发式和讨论式教学课上就可以少用。教师授课大纲、指定的阅读参考书目、教学拓展内容都可以上网，学生的作业提交、答疑可以借助网络平台实现。

第八章 法学实践性教学评价体系建设

第一节 法学实践性教学评价体系构成

一、评价体系构建的必要性

实践性教学评价是指以对参与实践性教学活动的各个主体及其表现依据科学的评价标准进行客观评价。通过评价，了解学生掌握和运用法律知识的技能情况，不断总结经验改进不足，及时纠正和调整教学方法和教学活动，以提高实践性教学的质量。我国各高校实践性教学虽然已经全面展开，但是相关的评价体系缺失，无论是校内的实践性教学还是校外的实践性教学在整个法学教学评价体系中的权重很低，评价也缺乏系统完整的统一标准，基本都是各自为政，评价体系建设还处于摸索阶段。这种现状很难确保实践性教学的质量，更不要说推动实践性教学的发展，所以教学评估作为高校加强教学管理，增强教学质量的自我监控，提高教学质量的重要手段毋庸置疑。建立科学、规范、有效的实践教学评估体系，是提高教学质量、保证教育可持续发展的现实需要，更是为国家和地方经济发展培养适应生产、建设、服务第一线的应用型高素质人才的需要。因此，积极探索出一套既符合高等教育教学规律，又便于操作的实践教学评估体系，是确保实践教学质量的关键，是实现人才培养目标的基础。

二、评价体系的主体

法学实践性教学参与者是多元化的，所以其评价主体也是多元的。主要包括学生、教师、领导者、其他人员等。

（一）学生

学生是实践性教学的对象，通过实践性教学提高和训练他们的法律技能是目的，所以实践性教学开展的效果如何，学生最有发言权，所以应该允许学生对实践性教学的组织、实施和收获等进行实事求是的评价。这种评价可包括学生的自评、互评及对教师和学校的评价等。

（二）教师

教师是实践性教学活动的直接指导和实施人，他们在学校的制度和所提供的条件下采用各种教学手段和方法进行实践性教学活动，教学活动是否达到了预期效果和目的，教师对学校或实务部门的制度和措施、学生的参与和表现等均有资格作出评价。教师包括学校的指导教师和实务部门的指导教师如法官、检察官、律师等。

（三）领导者

领导者是指学校或实务部门专门负责管理实践性教学的部门或人员。他们对教师、学生在实践性教学的开展中是否遵守纪律、履行职责、完成教学任务负有管理、监督和评价的责任。

（四）其他人员

主要包括校外专家、同行、实践过程中的当事人等，他们在检查、观察或直接接受法律服务的过程中对学生实践技能运用和表现状况的评价也从侧面反映出实践性教学的开展情况。

三、评价内容

不同的主体对实践性教学评价的内容范围不同，就整体而言，主体应从实践性教学的硬件和软件两个方面加以评价，硬件方面如对实践性教学的场所、设备等的基地建设情况的评价。软件方面包括考试评价、效果评价、制度评价等。其中软件建设情况是目前实践性教学的薄弱点，所以这里重点谈论软件的评价内容。

（一）考试评价

对学生在实践教学的各个环节的表现中的表现进行全面测评，内容包括技能掌握情况的考核和法律职业道德方面的考核。技能考核目的在于全面提高学生的法律实践操作能力，职业道德考核目的在于学生能利用他们的能力实现法律追求的公平正义的价值。二者缺一不可，没有职业道德即使有再高的技能也实现不了社会和民众对法律的需要。没有法律技能即使有良好的职业道德也心有余而力不足，依然服务于社会需要。

（二）效果评价

实践性教学是否达到了培养训练的效果有待学生和教师的评价。学生的评价包括自我评价和对教师的评价，评价可通过问卷、座谈、总结等方式进行。教师的评价也包括自我评价和对学生的评价，评价可通过工作总结、学生评语等方式进行。对学生的评价内容包括：学习和工作态度、责任心和职业道德、团队合作精神、工作效率和能力等，对教师的评价内容包括：敬业精神和工作态度、教育理念、知识水平和业务能力、教学内容、方法和手段运用、教学效果等。

（三）制度评价

部门评价的主体可以是全体参与者，包括对学校制定的各种实践性教学开展和实施的措施、办法的评价。制度内容应该涵盖实践性教学的各个环节以及奖励和惩罚部分。通过评估这些制度考察它们是否为保证和推进了实践性教学的正常开展，达到实践性教学目的起到了应有的作用。评价可以通过问卷、评价表、意见箱等形式展开。

第二节　实践性教学中的集体口试考核方法

虽然实践性教学方法在我国还不占主流，但改革尝试却已全面展开，教学方式改变必然需要与之相适应的考试方式的转变，然而这方面的改革尝试少且依然以教师为主导，这无疑与实践性教学改革不相称。我们对实践性教学"考试方法"进行了摸索，其中集体口试主要适用于理论课程和案例、辩论、情景模拟等课程的考试。

一、集体口试的特点

（一）实践性

实践性从三个方面体现，一是要求从考试命题（部分命题）到考试评分、考试成绩分析乃至考试组织和监督都由学生来完成；二是要求学生考试答题方式为每个小组先以情景再现、PPT或在线链接等方式介绍案例；三是要求每位同学口头回答评委依据试题的发问或现场临时的提问。以上要求都需要学生的实践活动，学生无论是展现自我，还是充当教师或是置身于案例中的律师、检察官、立法者、执法官、当事人等角色，从头至尾，各个环节都在通过实践的方法学习、体验、历练、感悟，最终达到自我检验的目的。这种检验不仅能考察知识的记忆更能考察知识的使用如考察学生的思辨、写作、口头表达、团队写作等综合能力，真正能体现素质教育的宗旨。

（二）平等性

学生主导式考试由部分学生充当教师角色，组织安排考试，面试学生面对的也不仅是老师更是自己的同学，教师制定完规则后只从旁边观察、指导和纠错，与学生的关系不再是"权力服从"关系，而是"平等交流"关系，过去学生可能抱怨老师出题偏，老师抱怨学生复习不全面，而学生主导考试方法则有利于增强师生之间的理解和互信，减少误解和抱怨。

（三）公开性

学生主导式考试以小组为单位集体上台面试，学生评委当场打分，其他同学和老师台下观战。这种公开口试方式能最大限度体现客观公正，台上哪个小组及其成员表现如何，台下一目了然，并且考生对答案和评分有异议权，教师和评委可组成评议团可当场评议答复。这种方式较之闭卷书面考试更透明、公正和人性化。前者多人打分众人监督，当场纠错，后者考完后由一人或多人打分，缺乏监督或监督滞后。

（四）高效性

传统闭卷考试，期末阅卷通常由教师自己阅或教研室流水阅。无论哪一种方式或由于阅卷量大，或由于评卷课程门数多以及时间紧等因素，教师工作量大很辛苦（阅卷是教师的职责，但提高工作效率也是教师的任务，二者不矛盾），比如，每份试卷至少有四至五个大题，30~40小题，学生书面答题差别又大，有的答要点，书写整齐；有的有创新与答案不一致；有的不会答乱编，卷面混乱。尤其是乱编的卷子，教师要找出其中的闪光点耗时很多。通常一份试卷平均要花5~10分钟。集中阅卷通常也要2~3天。这还不算学校为了书面考试印制试卷、保管、监考、巡视等一系列程序，历时近一个多星期才能结束。学生知道成绩也要一个多星期。而学生主导性考试方式，只要出好题目，制定好评分标准和安排好评委及组织同学，随堂2个学时就可公布成绩。考查评定效率大大提高。

（五）趣味性

学生主导式考试要求学生事先以小组为单位准备，分配角色，呈现考题。其中有知识的考察，有案情的串演、编排，有台上的展现，有台下的观赏，有严肃的回答，也有轻松的表演，考场成了展现的舞台，热情四溢，智慧闪烁，时而团结紧张，时而严肃活泼。做到了寓考于乐。也许有人认为考试讲趣味有游戏考试之嫌。众所周知学习是一件艰苦的事，如何让学生苦中作乐，体会到学习的乐趣，是教育的应有之义。兴趣是最好的老师，无论教学还是考试都应努力做到让学生感兴趣而不是畏惧，因为二者的目的都是为了激发学生学习兴趣，提高学习能力。而不是为难学生，所以考试增加趣味性与教学目的一致。

（六）互动性

学生主导式考试的互动性并非仅体现在师生间的互动，更多地体现了学生间互动、台上台下互动等全方位的互动性特点。目的在于调动一切积极因素，以考试作为手段而非目的。

二、集体口试改革的成效

(一) 一定程度上转变了师生传统观念

师生对实践性考试的方式并非一开始就认同，其间也存在很多疑惑或不自觉的抵触，但最终绝大多数师生尤其是学生愿意采用该考试方式并从中获益，如在问卷调查中学生几乎无一例外肯定了教改在提高口头表达能力、增加班级凝聚力，增强自信心和学习兴趣等方面的积极作用。该考试方法有利于推动填鸭式教学模式向"参与式"、"互动式"教学模式的转化，利于改变师生对传统教学方式的过度依赖。

(二) 进行了制度创新和优化

近年来考试改革一直受到各级院校的关注和支持，但在实施中也存在一些问题。以甘肃政法学院为例，口试改革多为"一对一、多对一"的教师考学生的口试方式，依然没有改变以教师为主的模式。为避免教改原地踏步，我们坚持已有成功的做法，改进优化不足的部分，采取了"多对多"的学生考学生的集体口试方式。这一创新和优化也许还不够成熟，但又向前迈进了一步，这对法学教改具有一定的积极意义。正如有学者所说，我国法学教学缺少创造和应变精神，盲从西方过多，我们需要改变这一状况，这对法学教育是非常重要的一件事。

(三) 发挥了学生的主导作用

在学生主导性作用发挥中最突出的表现是"学生主导式口试模式"的建立。它与传统考试方法完全不同，传统考试方法是由教师全权负责完成，教师命题、教师监考、教师阅卷、教师分析总结，学生只是被考查的对象，他们只能服从无权要求，教师设置各类"陷阱"，全面考查知识点。这种考试方法与教师主导的教学方法相匹配，特点都是教师主动、学生被动；师生双方是主导与服从的强制关系。难免形成"考考考老师的法宝，分分分学生的命根"的局面，于是师生关系功利化，学校教育应试化，学生学习分数化，素质教育沦为空头支票。学生主导式考试放手学生参与考试全过程，教师可确定考点，由学生依据考点设计题目；教师制定考核标准，学生可组成多位评委给应试同学打分；教师设计考试程序，可由学生组织安排考试过程；最后的考试分析总结也可由学生们完成。它与教师为主导的考试方法完全不同，学生们被分配角色，自我考查、自我分析总结，考试不再是猫捉老鼠的游戏，而是自我发现、监督、检查的过程，师生关系从"对立"转为"统一"，也最大限度地发挥了学生的主观能动性。

(四) 不同程度地提高了学生的综合能力和素质

现在学校教育普遍存在重书本知识轻实践训练，致使理论和实践相脱节，高分低能仍被社会所诟病。实践性考试方式有利于提高学生的法律思维能力、写作能力及团队精神；它能使学生在互动和参与中接受法律，增强学生学习兴趣，提高了学生应用法律的能力；它有助于提高学生的口头表达能力和勇气胆量。总之，实践性考试方法对学生的综合能力培养胜于单纯的笔试，符合国家提出的素质教育的理念。学生只有全面发展，思想健康，思路宽广，知识渊博，有组织实践能力才能对社会做出较大的贡献。

三、集体口试改革存在的问题和改进办法

（一）不够常态化

实践性考试方法的运用虽然较之过去有了增多，但由于班级多，教师和学生的认同度也存在差异，如同一课程不同的教师有的仍然坚持原有的笔试考试，有的希望能继续进行集体口试，使得这种探索往往在教改完成后难以为继，还不能做到实践性考试方法的常态化。

（二）经费短缺

考试改革实施中老师和同学们有很多创意，但由于经费紧张无法一一实施，如知识竞赛由于出题、找场地、布置会场、录像、排列小节目、准备点小零食等都需要师生精力和物质的投入，经费有限故只在开设税法课的几个班中实施，而未能推广到经济法课程和其他班级中。

（三）制度激励不够

教学改革战线较长，参与人多，工作琐碎且量大，但是与科研成果相比又不好量化。课题经费只能满足发表文章，其他额外费用往往教师自己垫付，不仅如此，工作量不好核定，在年终综合考评和津贴中无法充分体现，一定程度上挫伤了教改老师的积极性，使得教改多半凭教师的敬业精神和职称需要进行，一定程度上影响了教改的深入和持久进行。

（四）学生心理素质有待提高

由于集体口试要求学生当众表演、讲授、接受口头测试等，所以对习惯于笔试的同学来讲是不小的挑战，一些同学非常紧张以致没法正常完成学习和考试要求。如有位学生紧张的不会答题，但她认真地告诉老师如果笔试她什么都能答出来，但当场口头表达脑子就一片空白。虽然这是个极端的例子，但由此也看出对学生进行实践训练的必要性。对个别学生我们采取了特别做法，同意采用原来的考试方式或进行疏导，变通的措施较好解决了问题。但是也给我们提出了新的问题，对学生们进行课改时应予以适当的心理疏导，使他们能顺利参与到实践性教学中来。

（五）师生观念需要进一步转变

虽然大多数师生肯定了这一考试改革，但也有个别学生认为这种方式使他们在知识掌握方面有所欠缺。据课代表说现在大学生一般都靠考前突击掌握一学期的知识内容，即死记硬背概念。而口试不再让他们突击，所以一些人不再系统看书，感觉一些知识没有掌握。此意见有其合理性，今后在复习范围上要扩大，但也反映出学生所认为的知识与真正的知识有差距。知识就是经验，它既可以是书面的间接经验，也包括自己的直接经验。法学界有句名言，"法律是经验而非逻辑"就包含了这层意思。但是部分学生仍然只承认书本上的是知识，而他们亲身经历体验的不是知识。这就让他们对在实践性考试方法中增长的知识加以否定，这种现象是由传统教育观所致。可见，观念的转变比行为的转变难得多，因此，我们改革的难点是对师生传递一种理念，就是教学训练中的体验、感悟、综合素质的提高都是知识，只要这些方面有进步，就说明你掌握了知识，教师传授了知识。从而让师生对自己的行为自我肯定进而固化，最终能对实践性教学自觉认同和参与。

第三节　实践性教学中的多元化考核方式

模拟法庭作为一种实践性课程，是促进学生运用专业理论和专业知识观察问题、提高专业分析能力的有效方法，是培养学生理论与实际相结合的必要形式。其考核的。的就是检验学生的理论知识应用能力、创造思维能力、事实认证辨析能力、案例分析能力、应变能力、语言表达能力、协作应变能力、社会交际能力等，最终达到全方位地提高学生执法水平的目的。为了使学生能够重视并积极参加实践教学活动，考核方式就显得十分重要。

一、采用多元化的考核评估体系

模拟法庭考核的目的主要是对法科学生实践能力的考核。考核学生的逻辑思维能力、交流能力、谈判能力、诉讼能力、调研能力和随机应变能力等。为此，就要建立一个开放性的、多元化的考核评价体系。

（一）考核方法多样化

改革过去的统一闭卷考试模式，重点考核目的从知识点考核向知识分析能力考核转移。考核的方法有多种。①口试：考核时采取面试的形式。让考生抽取教师提前放置在信封中的题目，学生当场或准备后回答由评委围绕考题所提的相关问题，评委根据考生的综合表现给出成绩。测评涉及的题目多为与该课程相关的综合论述性题目或者案例分析题目，涉及理论知识点较多，能比较准确地考核学生掌握法学知识的广度、深度和灵活性。更重要的口试有助于培养锻炼学生思维的敏捷性，提高其应变能力和口头表达能力、缜密论证能力以及如何运用这些知识点进行问题分析的能力，为尽快适应将来的法律职业奠定基础。②开卷考试：考核时题目主要为案例分析或大型论述题，允许学生携带教材、法规等参考资料进入考场。③论文考核方式：主要是要求学生对所学课程中的某一个理论问题进行阐述，要求论文论点正确，论据充分，具有逻辑证明力。字数不少于4000字。

（二）考试类型多样化

考试类型的多样化就是要把平时考核、期中考核、期末考核和综合考核等形式有机地结合起来。根据各实践实验课程的要求不同，教学内容和考试对象要有所区别。平时考核形式不应该局限于作业、考勤方面，也应该做到多样化，要把专题辩论、观摩庭审、模拟审判、社会调查、法律援助、案例分析报告、课程论文撰写、见习等情况纳入平时考核的范围。

二、以"实战"型模拟法庭演练为成绩考核依据

模拟法庭的教学模式方面，传统教学模式主要是"表演型"，通过学生多次排练，即准备好所有的法律文书及台词进行表演。模拟法庭的考核方法方面，应该以"实战"型模拟法庭演练为考核依据。"实战"模拟演练要经过以下5个步骤：选定案例、确定角色、分组讨论、庭前准备（主要是法律文书的准备）、正式开庭。考核要做到以下几点。

（一）模拟环境的真实性

尽管是模拟，但是模拟环境具有真实性：首先，在环境布置上，要严格按照现行法庭的规格设置；其次，在庭前准备阶段也要严格遵守保密原则，各个不同角色的小组要独立分析案例；最后，在庭审中要以现行的法律规定为依据，有利于学生对立法动态及时关注。

（二）模拟过程的实战性

把传统的"表演型"改为"实战型"进而使模拟法庭具有实战性。在教师的指导下：①选定案例。案件的来源可以从法院、律师事务所等单位收集借阅已审结的案例，也可以充分利用互联网。②确定角色。将学生分成审判组、控诉组（原告组）、被告和辩护组（被告组）、证人组等。③分组讨论。在庭审前不做任何实质性的排练，仅仅针对案情和一些必要的问题进行讨论。④庭前准备（主要是法律文书的准备）。在正式开庭前，学生应该准备好相应的诉讼文书，按法定程序传递给对方。⑤正式开庭。从开庭审理到做出判决都要严格依照法定程序进行。模拟过程的实战性要求学生充分发挥主观能动性，案例的选择和分析、法律文书的制作、开庭审理、宣判等每个阶段都由各组学生独立完成，让学生真实地面对庭审的每个阶段，而不是排练好台词的表演，从而提高模拟法庭的实战性。在

庭审过程中，学生要运用相关法律的规定对案件进行分析，这样能够为学生的逻辑推理和随机应变等能力的提高提供一个平台，进而提高学生理论与实践结合的能力。

（三）模拟效果的放射性

模拟法庭不是简单地对某一个或某一类案件进行模拟总结，而是通过对案件分析和定性，进一步对学生的实践、应变、表达等综合性能力予以提高。通过模拟庭审的每一环节以及对案件审理中具体问题的解决，不仅能使学生了解和掌握处理案件的方法和技巧，还能进一步锻炼他们的理论知识应用能力、创造思维能力、事实认证辨析能力、案例分析能力、应变能力、语言表达能力、协作应变能力、社会交际能力等。

三、建立师生评价相结合的评价机制

（一）评价机制

模拟法庭倡导以学生为主体，那么评价也必须以学生为主体。①学生的自我评价。在模拟法庭审判完毕后，参加模拟法庭的学生，应当就庭前工作的准备情况、庭上的表现以及遇到的疑难问题等进行自我总结，找出不足，以及改进的经验。②由旁听学生进行评价，可以使旁听的学生也能参与到模拟法庭的审判中，在模拟庭审过程中找到他们要得到的分析和解决问题的思路、方法、技能和知识点。③教师或其他专家综合点评。综合点评是从多主体、多层次、多方面对学生在"实战"型模拟法庭中的表现行为进行的评判或衡量，点评中要指出以下几点：①程序是否合法，操作是否规范；②法律运用是否准确，说理是否透彻；③语言表达是否流畅、精彩；④临场的应变能力如何，是否有创新思维；⑤法律文书的写作能力如何；⑥模拟卷宗的整理、归类是否符合规范。

（二）评分机制

比赛评分包括对原告组、被告组和审判组三个方面进行评分，分别适用不同的评分标准。具体要求如下：原告组和被告组进行法律文书评分和言辞辩论评分。法律文书的评判标准包括法律知识、逻辑推理、资料搜集与运用、结构的清晰程度及组织、法律文书格式5项，每项为3分，满分为15分。言辞辩论是指当事人及代理人在诉讼过程中的言辞表现，包括法律知识、逻辑推理、言辞表达、应对能力和临场风度5项，每项为5分，满分为25分。对审判组的评分主要针对法官在审理案件过程中对于程序的调控和把握。具体包括：开庭前的准备、对案件事实的调查、法庭辩论阶段的控制、案件的裁决，语言表达和风度5个方面，每项为4分，满分为20分。成绩采用百分制，在每场模拟法庭结束后，将评委对其原告组、被告组和审判组三个组的评分加在一起，即为该场模拟法庭的最后得分。模拟法庭实践教学，能够为学生提供一个模拟法律实践的场所和机会，促进学生理论化、体系化的书本知识与实践的衔接和转化，缩短法学教学与法律工作实践的距离。模拟法庭的考核是对如何开展合作性学习的一种有益的探索，也是对如何将传统法学教育的严谨性和现代法学教育创新性有机结合的实践。

第四节　职业伦理培养及考核

一、法律人职业伦理的概念界定

（一）法律人的本质和特征

法治建设离不开人们对法治的信仰，而人们之所以会对法治产生信仰主要取决于法律人的行为。那么，何为"法律人"？在界定法律人之前，我们有必要首先了解一下与之密切相关的"法律职业共同体"，法律职业共同体是法律人发展到比较成熟阶段后的表现。关于法律职业共同体，张文显教授曾将它表述为"法律职业共同体是一个由法官、检察官、律师以及法学学者等组成的法律职业群体，这一群体由于具有一致的法律知识背景、职业训练方法、思维习惯以及职业利益，从而使得群体成员在思想上结合起来，形成其特有的职业思维模式、推理方式及辨析技术，通过共同的法律话语（进而形成法律文化）使他们彼此间得以沟通，通过共享共同体的意义和规范，成员间在职业伦理准则上达成共识，尽管由于个体成员在人格、价值观等方面各不相同，但通过对法律事业和法治目标的认同、参与、投入，这一群体成员终因目标、精神与情感的连带而形成法律事业共同体"。相对于法律职业共同体，法律人的概念则更加宽松，所包含的范围更加广泛，法律人是指将法律活动作为主要经济来源或职业，或者虽不将法律活动作为主要经济来源和职业但经常从事这一活动的个人。法律人的典型是法官、检察官、律师。张文显教授认为法律人的本质是"意义共同体"、"事业共同体"、"解释共同体"和"利益共同体"。"意义共同体"是指法律人并不是一个实体，而是抽象出来的一个群体，他们因对法律的信仰而聚合在一起，共同从事着法律活动。"事业共同体"是指法律人虽然是单独进行着各自的法律活动，但却有共同的目标即维护社会公平和正义，推动法治建设进程。"解释共同体"是指由于法律文本本身的不确定性，法律人运用同样的知识结构和法律活动经历对文本不断做出细致的解释。"利益共同体"是指法律人从事法律活动除了获取基本的经济利益之外还有一个共同的利益就是为大众事业服务，为人民的自由奋斗，人民的权利就是他们的权利，自由、正义和秩序就是法律人追求的最大利益。通过对法律人本质的分析，我们可以看出，法律人具备这样一些特征：他们均具有一定的法律知识背景、专业的法律素养、相同的法律逻辑思维、共同的职业目标和理想，因而能在法律活动中达成共识。

（二）法律人职业伦理与一般职业伦理

所谓伦理是指人们在长期的社会生活中积累而成的赖以维持正常社会生活的道德行为准则体系。法律人职业伦理就是指法律人在从事法律活动时所应当遵循的道德准则和行为规范。法律人职业伦理包含在一般职业伦理之中，但是又不同于一般职业伦理，这主要是由法律职业的特殊性所决定的。法律职业的本质特征是定分止争，所以法律职业与其他职业相比具有更强的专业性，法律人应具有强烈的社会责任感、正义感、较高的专业素养和为了争取权利而斗争的信念。因此，除了一般职业伦理外，法律人职业伦理应具有更高的要求。在许多国家，法律人被视为社会的精英，他们守护着整个社会的公平正义，如果以一般职业伦理要求法律人，那么将无形之中放宽了法律人的准入条件，使法律职业成为大众化的职业，这势必会降低法律人的整体素质。

（三）法律人职业伦理与法律人职业道德

实际上，伦理和道德还是有一定差别的，黑格尔认为，伦理是客观意志的法则，也就是普遍意志的社会性伦理规范，道德主要是主观意志的法，即自我德行的法则。用一句话来概括，伦理和道德的区别就在于：伦理强调责任，倾向于规范性、社会性、客观性和客体性，道德则倾向于个人的感受，更含主观、主体、个人、个体的意味。对于法律人职业伦理与法律人职业道德而言，法律人职业伦理是出于法律职业特殊性的要求，是一种社会规范和秩序的体现；而法律人职业道德是出于个人自身法律素养和道德修养要求，是个人感受和观念的主观表达。法律人职业伦理更加强调法律人的群体性，是具有普遍性的规范；而法律职业道德则强调个体性和特殊性。可以说，法律人职业道德包含法律人职业伦理，法律人职业伦理是法律人职业道德最低限度的要求，是成为法律人所必需的道德要求。

二、法律人职业伦理培养的现状分析

根据法学教育是终身教育的特点，法律职业教育大致可以分为职前教育和职后教育两个阶段。职前教育是指法科学生在首次就业前所接受的各种教育的总称，简单而言，就是把法科学生从准法律人培养成法律人的教育；职后教育，主要是指法律人从事法律职业后，为提高工作能力，为适应知识更新、技术更新需要而进行的各类教育和培训的总称。下面，我们也将依据这两个教育阶段的划分，对法律人职业伦理培养的模式做出分析。

（一）职前教育中法律人职业伦理培养的不足

高校俨然是法律人职业伦理培养最基础、最关键的一环。然而，我国现行的高校职业伦理培养却十分空乏，具体表现在以下几个方面。

1. 培养目标的空泛性

培养目标是法律人职业伦理培养的最高标准，然而在我国大多数法学院校的培养方案中，很少对法律人职业伦理的培养目标做出具体规定。在理论界，对于法律人职业伦理的培养目标，有两种观点：一是认为法律人职业伦理培养的目的在于造就有道德的法律职业者；二是认为法律人职业伦理培养的目标是帮助法律职业者更好地认识职业上的善，进而为造就职业上的道德人创造必要条件这两种目标的设定都较为空泛，前者目标过于高远，后者目标过于模糊，都缺乏实际的可操作性。

2. 教育内容的落后性

首先，从法学院校的课程设置中可以看到，关于法律人职业伦理培养的课程并没有出现在法学本科的必修课中，高校中法律人职业伦理课程的任课教师明显短缺，大部分高校没有专门的任课教师，法律人职业伦理师资培养培训机制也没有建立起来。

3. 培养方法的单一性

从大多数法学院校教育方法上看，现阶段我国法律人职业伦理培养仍以理论教学、直接教育为主。尽管法学院校也设计了模拟法庭、公开观摩庭审、专家讲座、社会实践等环节，但在学校教学计划的安排和师生心目中，课堂教学仍然是最主要的途径。所以，目前高校中所开设的法律人职业伦理课程大都通过课堂教学的形式进行，以教材为中心，老师向学生简单地讲解法律人职业伦理的基本原理、相关道德知识、规范戒律等，学生则记录老师的讲述。在这里，没有师生之间思维的碰撞、思想的交锋、感情的交融。

4. 评价标准的片面性

如果说评价是教育存在的重要表现形式，那么没有全面的评价，就会异化法律人职业伦理培养，使其走向自己的反面。科学、合理的评价有利于提高学生对法律人职业伦理的认识，有利于学生明确法律人职业伦理发展的方向，有利于激发学生学习法律人职业伦理的积极性。而且，科学、合理的评价还能促使教育主体改善教育条件，改进教育方法，不断增强教育效果。然而现实中，我国法律人职业伦理培养的评价方式方法简单，其考核方式大多以答卷或报告为主，学生只要上课认真听讲、做笔记，课后认真背书本和笔记就能拿到较高的成绩，成为"职业伦理优良者"，这种评价标准显然是片面的。

（二）职后教育中法律人职业伦理培养的缺陷

具体而言，职后教育中法律人职业伦理培养的缺陷主要表现在以下几个方面。

1. 培养目标的"居高临下"姿态

职后教育中的法律人职业伦理培养被看成是法律人的政治思想教育，或思想道德教育。当前，职后法律人职业伦理培养目的在于宣传党和国家在不同时期的方针政策，进而统一从业人员的思想，为党和国家的政策服务。如，某市中级人民法院针对全院法官所进行的职业伦理培训方案的目标是"建设一支善于推动科学发展、促进社会和谐的公务员队伍"。某区人民检察院开展检察官职业伦理教育活动的目标是"激励我院检察人员不断坚定职业信念……不断增强我院检察人员法律监督能力,提升人民群众对检察工作的满意度、信誉度和认可度,为推动我院检察事业科学发展提供强大的精神动力和思想保证"。某市进行的律师队伍职业道德集中教育活动的目标是"通过集中教育活动,使广大律师普遍受到一次深刻的政治思想教育、法制教育、职业道德和执业纪律教育,坚定中国特色社会主义理想信念,忠实履行中国特色社会主义法律工作者职业使命的自觉性明显提高"。

2. 教育内容的"意识形态"倾向

当前,我国职后法律人职业伦理培养的内容一方面围绕着国家政治生活而不断变动,另一方面内容零碎、抽象,远离实际需要。

3. 培养方法的"舆论宣传"推进

职后法律人职业伦理教育在很大程度上被理解为思想政治教育,其培养方法从根本上看是把中国共产党政治教育方法的简单移植,具体表现为:上级党政机关发布指令,提出实施要求;下级单位根据指示做出具体部署、组织落实;具体实施由各单位党政工团组织执行,一般采取集体理论学习、研讨形式;结束后,从业人员汇报学习感想或上交学习笔记或学习总结。重视职业道德教育且条件较好的单位,可能外请一些专家进行理论辅导或作专题讲座;大部分单位是由党委书记在大会上宣读有关条文,动员大家业余自学。

4. 评价标准的"空疏无力"效果

我国职后伦理教育主要是一种结果评价,有三种形式,一是岁末年终写思想小结;二是集中一段时间学习后提交读书笔记或总结;三是做相应的试卷。从表面上看好像是一种自我评价和他人评价相结合的评价,但实际上是他人评价、领导评价,评价的内容包括被评人的认识态度、学习过程、学习项目与结果等,评价方法多为模糊评价,由被评人所在单位的负责人给予定性评定,而且评价结果不向被评人解释。

三、法律人职业伦理培养的进路探寻

通过对职前、职后教育中法律人职业伦理培养现状的分析,可以发现,两者存在的问题大相径庭。职前、职后教育虽然是法律人受教育过程中的两个阶段,在施教内容、目标、方法等诸多方面,两者各有侧重,但两者始终是一个相互影响、有机统一的整体。所以,可以认为,针对当前我国法律人职业伦理培养过程中职前、职后分化较为严重的现象,应当以终身教育思想为指导,依据法律人职业伦理培养的目标,对法律人职前、职后的培养进行全程规划,建立起各个阶段相互衔接,既各有侧重,又有内在联系的法律人职业伦理培养体系。

（一）统一法律人职业伦理培养目标

职前教育在整个法律人职业伦理培养体系中起到了奠基作用，但这并不表明经过职前教育法科毕业生的职业伦理已经定型。随着职后身份的转换，来自权力、金钱、关系、人情等诱惑的不断出现，随时挑战着法律人的职业伦理，所以，除了依靠严格的监督之外，还必须进行终身的法律职业伦理教育。目前我国职前、职后教育互不相关，甚至职后教育也是由不同系统、不同单位各自进行，内容大多以业务为主，缺少对法律共同体法律信仰、职业伦理进行定期培训的机制P）针对这种情况，可以认为，应当统一职前、职后教育中法律人职业伦理培养的最终目标，既要明确，又要去政治化，重在关注法律制度的内在伦理，培养法律人的职业伦理问题意识、职业伦理推理能力以及职业伦理选择能力。

（二）完善法律人职业伦理培养的内容

法律人职业伦理的培养既不能仅靠一门课程来解决，也不能仅靠一本教材来解决，更不能仅靠"意识形态"的教育来解决。可以认为，高校与实务部门应当联合，一起研究并构建法律人职业伦理培养的模块化课程体系，使法律人职业伦理培养的各个阶段相互衔接，主要应包括以下三大模块。

第一，基础模块。该模块的课程开设于职前教育的前期，以大学一、二年级的学生为对象，主要是培养学生正确的世界观、人生观和价值观，让他们了解法学发展的历史，领略法学名家的风采，奠定身为一名准法律人的荣誉感和责任感。第二，理论模块。该模块的课程开设于职前教育的后期，以大学三、四年级的学生为培养对象，主要是通过对理论的学习，构筑学生的基本伦理结构，培植其从业必不可少的伦理信仰。第三，实务模块。该模块设置于职前教育的最后阶段以及职后教育阶段，以大学四年级的学生、研究生以及实务部门的从业人员为培养对象，主要以专题学习为主，包含法律人职业行为规范的学习、法律人职业伦理的典型案例、实务中法律人职业伦理的难题研讨等。

（三）改进法律人职业伦理培养的方法

法律人职业伦理的培养方法既不能仅靠课堂教学的形式进行，也不能通过舆论宣传的形式进行，应当根据法学教育的特点，采取系统教育与专项教育相结合的方式，激发受教育者的兴趣。首先，在职前教育中，应设置引导性的学生活动，如模拟法庭、公开观摩庭审以及以法律人职业伦理为主题的演讲比赛和辩论比赛等，并邀请实务部门的从业人员担任定评嘉宾；其次，要通过高校与实务部门的互动，以诊所式法律教育为载体，让学生、高校教师、实务部门从业人员三者充分交流，取长补短，促进法律人职业伦理培养的深入；最后，在职后教育中，要取消以理论灌输为主，通过舆论宣传、行政推动而进行的职业伦理培养方法，代之以榜样引导、典型案例剖析相结合的方法，提高法律人职业伦理培养的效果。

(四) 确立科学的法律人职业伦理评价标准体系

首先，在职前教育中，要取消以答卷、报告为主的法律人职业伦理评价方式，代之以面试的评价方式，具体可以仿照公务员录用考试中面试的形式，以结构化面试和无领导小组讨论两种形式为主，并由多位高校老师和实务部门的专家担任考官，以法律人职业伦理培养的目标为导向设置评价标准，对学生进行评价。其次，针对职后教育，可以考虑建立"法律人职业伦理考评委员会"，对职后法律人职业伦理培养的结果进行评价，对是否遵守职业伦理进行考评，对违反职业伦理的行为进行处理，对职后法律人的行为予以有效的社会监督和公众舆论监督。

参 考 文 献

［1］（德）拉德布鲁赫著；米健译. 法学导论［M］. 北京：商务印书馆，2017.

［2］杨思留著. 宪法学与行政法学［M］. 徐州：中国矿业大学出版社，2017.

［3］何柏生著. 天才远离法学［M］. 北京：中国民主法制出版社，2017.

［4］彭小鹏，钟周，龚敏主编. 产品设计方法学［M］. 合肥：合肥工业大学出版社，2017.

［5］邢彬彬主编；张国胜副主编；孙中之主审. 渔具渔法学［M］. 大连：大连海事大学出版社，2017.

［6］王本兴著. 甲骨文书法学［M］. 北京：北京工艺美术出版社，2017.

［7］李显冬主编. 法学概论［M］. 北京：首都经济贸易大学出版社，2017.

［8］王莉霞主编. 旅游法学［M］. 武汉：华中科技大学出版社，2017.

［9］李文燕，杨忠民主编. 刑法学［M］. 北京：中国人民公安大学出版社，2017.

［10］李进，朴永春，刘璐主编. 民法学［M］. 延吉：延边大学出版社，2017.

［11］朱炜，卢晓梦，杨熊炎主编；李虹澄，赵李娟，武天佑副主编. 产品设计方法学［M］. 武汉：华中科技大学出版社，2018.

［12］米健著. 比较法学导论［M］. 北京：商务印书馆，2018.

［13］严兴科，赵中亭主编. 针灸特色疗法学［M］. 兰州：甘肃科学技术出版社，2018.

［14］成为品主编. 反射疗法学［M］. 北京：民族出版社，2018.

［15］吕世伦编著. 法学概论［M］. 哈尔滨：黑龙江美术出版社，2018.

［16］席书旗，谢林刚. 法学概论［M］. 济南：山东人民出版社，2018.

［17］李其瑞主编；东志鹏副主编. 法学原理［M］. 北京：知识产权出版社，2018.

［18］宋旭平，林志辉主编. 合同法学［M］. 成都：四川大学出版社，2018.

［19］薛桂芳主编. 海洋法学［M］. 北京：海洋出版社，2018.

［20］曾章伟主编. 经济法学［M］. 杭州：浙江大学出版社，2018.

［21］齐梓伊责任编辑；（中国）刘定华，段启俊. 法学教育研究第5辑［M］. 北京：知识产权出版社，2019.

［22］刘智斌，陆萍主编；齐凤军，吕立江，张军，邰先桃等副主编. 推拿手法学［M］. 上海：上海科学技术出版社，2019.

［23］陈振濂主编. 书法学上［M］. 江苏凤凰美术出版社，2019.

［24］王坤茜编著. 产品设计方法学第3版［M］. 长沙：湖南大学出版社，2019.

［25］张斌著. 汉语语法学［M］. 上海：上海人民出版社，2019.

［26］李江山，姚斐主编；许丽，于天源，彭旭明，李进龙等副主编. 推拿功法学［M］. 上海：上海科学技术出版社，2019.

［27］（中国）上海社会科学院法学研究所. 法学经纬［M］. 上海：上海社会科学院出版社，2019.

［28］禄正平著. 证券法学［M］. 北京：商务印书馆，2019.

［29］刘艳红主编. 东南法学［M］. 南京：东南大学出版社，2019.

［30］王曙光，李兰，张小锋主编. 税法学［M］. 沈阳：东北财经大学出版社，2019.